AF295854

DU PROJET

DE

CONVENTION INTERNATIONALE

SUR LE

TRANSPORT DES MARCHANDISES

PAR CHEMINS DE FER

Élaboré par la Conférence internationale de Berne

RAPPORT

PRÉSENTÉ

au Congrès international
pour le développement et l'amélioration des moyens de
transport tenu à Paris le 22 juillet 1878
au palais de l'Exposition universelle

PAR

G. DE SEIGNEUX

AVOCAT A GENÈVE

Secrétaire de la Conférence internationale de Berne,
Vice-Président de la Société suisse des juristes.

———◦———

PARIS

IMPRIMERIE CENTRALE DES CHEMINS DE FER

A. CHAIX ET Cie

RUE BERGÈRE, 20, PRÈS DU BOULEVARD MONTMARTRE

1878

L'auteur du Rapport déclare que les opinions émises dans ce travail lui sont entièrement personnelles, et qu'elles ne doivent engager en rien la délégation suisse à la Conférence de Berne.

A la suite du rapport, l'auteur a fait imprimer le projet de convention élaboré par la Conférence comprenant :

1° Le traité proprement dit ;

2° Le projet des dispositions à émettre pour l'exécution du traité ;

3° Les formulaires de la lettre de voiture internationale, et des déclarations spéciales ;

4° Le projet de convention concernant l'institution d'une commission internationale.

La liste des objets admis au transport sous certaines conditions manque dans cette énumération, et cela à cause de son étendue.

RAPPORT

Messieurs,

Le comité de direction du Congrès international pour le développement et l'amélioration des moyens de transport, nous a prié de vous présenter un rapport spécial sur le projet de convention élaboré par la Conférence internationale qui s'est réunie à Berne, le 13 mai dernier.

En mettant à l'ordre du jour du Congrès la question de l'établissement d'une législation internationale sur les transports par chemins de fer, le Comité d'organisation a voulu attirer l'attention du monde commerçant sur un sujet encore trop peu connu des véritables intéressés ; il a voulu provoquer une sérieuse discussion sur un projet de traité qui peut, et doit amener dans les relations internationales une véritable révolution.

Si, en effet, ce projet est ratifié par les principaux États de l'Europe, ce que l'on peut admettre aujourd'hui, il deviendra non-seulement le point de départ de cette législation internationale si ardemment désirée, mais encore il nécessitera une réforme complète dans l'exploitation des chemins de fer; réforme qui sera toute au profit du commerce international.

Le temps n'est plus où les peuples vivaient isolés les uns des autres, où chaque État mettait tout son soin à dresser à sa frontière des barrières infranchissables. Les gouvernements, comme les peuples, ont compris que s'il est logique que les nations subsistent en tant qu'Etats, il est aujourd'hui d'une importance capitale que les relations commerciales soient débarrassées de toute entrave, parce que ces relations sont nécessaires à l'alimentation des peuples, au développement intellectuel et commercial des nations, et par conséquent à la prospérité publique.

Les chemins de fer, moins que toute autre entreprise créée dans l'intérêt public, ne peuvent se soustraire à cette nécessité. Aujourd'hui que les réseaux ferrés se sont substitués aux voies ordinaires de communication, maintenant que le commerce ne peut se passer des chemins de fer, qu'ils sont devenus, dans l'existence des peuples, le principal agent de l'alimentation, il ne peut être question de considérer les Compagnies comme de simples négociants, libres de toute entrave, et auxquels on ne pourrait imposer dans l'intérêt général certaines obligations.

Or aujourd'hui, les deux obstacles principaux au développement des relations internationales, sont : premièrement, la variété des législations commerciales en matière de transport et, secondement, la résistance qu'opposent les chemins de fer aux améliorations réclamées par le commerce.

La différence de législation est en effet une barrière souvent infranchissable, en ce sens qu'elle donne naissance à des contestations nombreuses dont la solution est souvent impossible, et pour faire toucher du doigt les inconvénients de l'état de choses actuel, il nous suffira de prendre un exemple.

Supposons un instant qu'un expéditeur d'Anvers veuille adresser un colis à Milan en lui faisant suivre la voie de Sterpnich, Bâle, Genève, Modane, que se passera-t-il ? Pendant le parcours sur le territoire belge, le transport sera soumis à la loi belge, c'est-à-dire aux principes du Code Napoléon modifiés par les règlements. Dès que le colis aura passé la frontière, les articles 390 à 431 du Code de commerce allemand et le règlement d'exploitation du 11 mai 1874 seront applicables. A partir de Bâle, la loi suisse du 20 mars 1875 et le règlement de transport du 9 juin 1876 seront seuls pris en considération. De Genève à Modane le Code Napoléon et les règlements français seront en vigueur, et à partir de Modane le Code italien et les règlements italiens auront force de loi. Et maintenant, si le colis est perdu en route, si une avarie se produit, s'il y a eu retard dans l'expédition, si des empêchements à la livraison se présentent, quelle sera celle de ces législations ou règlements que l'on devra appliquer ? quelles seront les formalités nécessaires pour la constatation du dommage, la conservation des droits ? devant quel juge devra être portée l'action ? et dans quelle durée cette action sera-t-elle prescrite ? Dans quel code trouvera-t-on la solution de ces difficultés ? Voilà, Messieurs, bien des questions, quoique notre énumération soit loin d'être complète, et cependant dites-vous bien que ces quelques questions et bien d'autres encore se soulèvent chaque jour, qu'elles donnent lieu à des conflits perpétuels, et que le commerce souffre profondément d'une pareille situation.

Si vous ajoutez à cela que partout où elles n'ont pas établi des services communs, les Compagnies exigent des expéditeurs l'intervention des commissionnaires intermédiaires, lesquels reçoivent la marchandise à chaque rupture de charge, fournissent des bulletins de garantie, créent en leur nom de nouvelles lettres de voiture et ne sont responsables que de leur mandat, n'aurez-vous pas touché du doigt le nœud de la question. Encore si les législations à appliquer avaient une base commune ou tout au moins certaines affinités entre elles, mais il n'en est rien, et sur plusieurs points ces législations contiennent des dispositions entièrement contradictoires. Quelques exemples parmi les plus frappants le démontreront.

En Allemagne et en Suisse l'obligation de transport existe. Tout chemin de fer est tenu d'établir des relations directes avec les lignes, mêmes étrangères, qui joignent son réseau. — En France, c'est à peine si cette obligation, constatée cependant par un arrêt de la Cour de Cassation, existe entre les chemins français. — En France le droit de disposer de la marchandise appartient à l'expéditeur aussi longtemps que la lettre d'avis n'est pas envoyée. — En Allemagne il n'y a pas de lettre d'avis, il suffit que la marchandise soit arrivée à destination pour que le destinataire ait le droit d'intenter l'action en délivrance et empêcher ainsi l'expéditeur de disposer de la marchandise. — En Suisse, le droit de disposer de la marchandise appartient en principe au destinataire sauf stipulation contraire dans la lettre de voiture.

En Allemagne et en Suisse, la lettre de voiture doit contenir une foule de mentions qui ne sont pas obligatoires dans la lettre de voiture française réduite pour les expéditions par grande vitesse à un simple récépissé. — La Suisse, l'Allemagne et l'Autriche admettent le principe de la constatation des avaries non apparentes après réception de la marchandise; l'article 105 du Code de Commerce décrète que la réception des objets transportés et le paiement du prix de la voiture éteignent toute action contre le voiturier et cette fin de non-recevoir est appliquée impitoyablement, qu'il y ait eu erreur dans la taxe, avarie non apparente, impossibilité de vérification, etc., etc.

Quant aux principes de la responsabilité, ils partent d'un point de vue si différent que le système allemand, appliqué aussi en Hollande, Russie et dans l'Autriche-Hongrie, est la négation du système français. Vous n'ignorez pas, en effet, Messieurs, que les articles 97 et 98 du Code de Commerce combinés avec les articles 1382 et suivants du Code Civil rendent les Chemins de fer responsables non-seulement de la perte de la marchandise, mais encore du bénéfice perdu, tandis que le règlement d'exploitation des Chemins de fer allemands limite à 75 francs par 100 kilos la responsabilité des Compagnies lorsqu'il n'y a pas d'assurance, et au dommage réellement éprouvé lorsqu'il y a assurance.

Ce rapide exposé de législation comparée suffira, nous l'espérons, pour vous démontrer la nécessité d'une réforme et la profonde vérité des conclusions que nous avons prises, lorsque nous avons affirmé que la variété des législations était une barrière infranchissable au développement des relations internationales.

En second lieu nous avons soutenu que le commerce international était entravé par les obstacles provenant du fait des Compagnies de Chemins de fer.

On prétendra sans doute que cette affirmation est inexacte — que les Compagnies de Chemins de fer ont établi entre elles des services internationaux qui répondent amplement aux vœux du commerce; qu'il est de l'intérêt des Compagnies de favoriser le développement des relations commerciales et qu'il est injuste et illégal de vouloir imposer aux Compagnies des charges nouvelles en dehors de celles insérées dans les actes de concession.

Permettez-nous de répondre en quelques mots à ces assertions.

En premier lieu, les Compagnies de Chemins de fer sont libres d'établir des services internationaux, mais elles n'y sont pas forcées, au moins en France.

L'obligation du transport, c'est-à-dire le devoir de remettre, sans rupture de transport, la marchandise à des chemins étrangers, n'existe pas pour les compagnies françaises. Elles sont donc libres de choisir les Compagnies avec lesquelles elles veulent entrer en relations. Or, ce choix n'est pas toujours et uniquement dicté par l'intérêt du commerce en général; il est souvent motivé par des calculs basés sur la concurrence et sur la ferme volonté de faire passer la marchandise sur tel parcours plutôt que sur tel autre, en vue de ruiner ainsi la Compagnie concurrente. L'expéditeur n'a donc pas le choix : il est contraint et forcé de faire suivre à la marchandise la voie indiquée par le tarif, et de se soumettre à toutes les conditions y insérées. Or, dans nombre de ces tarifs, la responsabilité des Compagnies est limitée, et les conditions mises au transport sont une négation du droit commun. Si l'expéditeur ne peut souscrire à ces conditions, il est obligé de recourir aux tarifs internes, avec rupture de charge, intervention de commissionnaires, intermédiaires, et difficultés de toute espèce. On comprend que la liberté, bien qu'existant en principe, soit réellement illusoire, et que le commerce ne puisse faire autrement que de se soumettre aux conditions imposées par les Compagnies. Du jour où un traité interviendra entre les États contractants, ce ne seront plus les Compagnies qui imposeront leurs conditions au commerce, mais bien les Compagnies qui devront subir les conditions du Traité.

En second lieu, ces services internationaux ne relient point entre elles toutes les gares françaises avec les gares des autres pays. Ils ne sont applicables qu'à certaines gares et à certains réseaux. L'expéditeur qui est domicilié en dehors du réseau ne peut en profiter, à moins de s'adresser à un commissionnaire intermédiaire.

En troisième lieu, les Compagnies sont toujours libres de dénoncer ces services internationaux, et de les supprimer après un certain délai. Le commerce ne trouve rien de *stable* dans l'établissement d'un pareil moyen de transport, et tel négociant qui aura conclu des marchés considérables, en faisant ses calculs sur l'existence des services internationaux, se verra ruiné ou fortement compromis par la brusque suspension de ces services. Pour obvier à ces inconvénients, il faut que l'obligation de transport soit inscrite en toutes lettres dans la loi internationale; qu'elle soit applicable à toute gare, en tout temps et en tout lieu.

On objectera, nous le savons, que l'État est lié vis-à-vis des

Compagnies par un contrat, qu'il existe en leur faveur des droits acquis, que l'on ne peut obliger les Compagnies à entrer en rapport avec d'autres chemins de fer dont la solvabilité ne leur est pas garantie, pas plus que l'on ne peut forcer un négociant de devenir créancier d'un autre ; mais nous sommes peu convaincu par ces raisons qu'il est facile de combattre.

Dans notre opinion les cahiers de charges qui obligent les chemins de fer ne constituent pas vis-à-vis de l'Etat un contrat de droit commun, parce que les concessions qui ont été accordées aux chemins de fer ne l'ont pas été seulement dans l'intérêt des Compagnies, mais bien dans l'intérêt public, *dont les desiderata ont été implicitement réservés*. Il ne faut pas oublier que l'État a abandonné en faveur des Compagnies un des attributs les plus essentiels de sa souveraineté, le droit d'exproprier la propriété des citoyens et que ce droit d'expropriation n'a pu être aliéné momentanément que dans l'intérêt public. Il ne faut pas oublier que l'État, les communes, les particuliers, ont participé à la construction des chemins de fer par des subventions en nature et en argent, par des garanties d'intérêt, par des dons de toute espèce, et que toutes ces prestations ont été faites dans l'intérêt général. Il faut se rappeler que les Compagnies n'ont pas sur les chemins de fer un véritable droit de propriété, mais une sorte de jouissance limitée à un certain nombre d'années, sous la haute surveillance et autorité de l'État. Toutes ces faveurs faites aux chemins de fer l'ont été dans l'intérêt public, et l'on ne peut admettre que l'État ait souscrit à des conditions qui auraient limité l'intérêt public à celui existant au moment de l'acte de concession. Les besoins du peuple se manifestent chaque jour, au fur et à mesure du progrès et du développement des relations commerciales. L'intérêt public n'est donc pas stable, il suit pas à pas les nouveaux besoins qui se font jour, il s'impose à tous, et à plus forte raison aux chemins de fer.

L'intérêt général prime donc l'intérêt particulier des Compagnies parce qu'il a toujours été formellement réservé, et l'État a le droit, dans notre opinion, d'imposer des obligations nouvelles à l'exploitation des chemins de fer sous deux conditions, cependant : 1° L'obligation doit avoir pour seule raison d'être l'intérêt général et public ; 2° Cette obligation ne doit pas avoir pour conséquence de mettre en péril l'équilibre financier de l'exploitation. Nous avons déjà démontré que l'obligation de transport doit être introduite dans l'intérêt du commerce international ; nous verrons plus loin, dans l'examen même du projet de convention, quelles sont les réserves que la Conférence a introduites dans la convention, pour garantir les Compagnies de toutes pertes.

Ces rapides explications préliminaires vous auront démontré, nous l'espérons, pourquoi l'établissement d'une législation internationale sur les transports était nécessaire ; il nous reste maintenant à vous exposer comment la Conférence de Berne est parvenue à se constituer, et quel est le fruit de ses travaux.

Pendant et à la suite de la malheureuse guerre de 1870, les transports internationaux réguliers furent dans le plus grand désarroi.

La Suisse était le seul pays sur le territoire duquel pouvaient s'effectuer les transports entre l'Angleterre et l'Italie, et le matériel des chemins de fer était tout à fait insuffisant pour répondre aux besoins du transit. Il en résulta que les inconvénients du système suivi jusqu'à ce jour en matière de transport international, et qui ne s'étaient révélés que dans une certaine mesure, devinrent tellement évidents, qu'ils soulevèrent des plaintes universelles. Des contestations sans nombre résultant de la variété des législations et de la difficulté d'appliquer des principes souvent entièrement différents s'élevèrent entre expéditeurs, transporteurs, intermédiaires et destinataires. — Le rôle des Tribunaux était surchargé de procès contre les Chemins de fer. Il est vrai que les transports internationaux se trouvaient dans un état exceptionnel, et l'on ne peut en conclure que la variété des législations doit nécessairement donner lieu ordinairement à un si grand nombre de contestations. — Il n'est pas moins certain que cette situation anormale a révélé les vices du système que peu de personnes connaissaient pour en avoir souffert. — Un grand nombre de négociants préféraient en effet abandonner leurs réclamations plutôt que de faire un procès, et leurs plaintes isolées avaient peu de retentissement. — Les inextricables difficultés résultant du transport international n'étaient réellement connues que des Tribunaux de Commerce et du Contentieux des Compagnies, lequel avait de bonnes raisons pour ne pas les révéler. C'est dans ces circonstances que votre rapporteur, de concert avec M. le Dr Christ, avocat à Bâle, adressèrent aux Chambres Fédérales Suisse une pétition dans laquelle, après avoir signalé les graves inconvénients de la situation et les réformes à introduire, ils demandaient que le Conseil Fédéral fût chargé de provoquer une Conférence Internationale destinée à étudier la possibilité d'une législation uniforme. A ce moment même le travail d'unification se faisait en Suisse, car les Chambres Fédérales étaient occupées de la rédaction d'une loi fédérale sur les Chemins de fer, dont l'exploitaton était soumise auparavant aux 22 législations différentes des Cantons. — Pourquoi, si cette unification était possible en Suisse composée de trois nationalités et de 22 Etats souverains, aurait-elle été impraticable entre les divers Etats de l'Europe, dont la législation était loin de présenter une pareille diversité ?

L'Assemblée fédérale accueillit avec grande faveur la pétition et Chargea le Conseil fédéral de suivre aux négociations. Les signataires de la pétition rédigèrent alors un mémoire qui fut adressé, ainsi que la pétition, par le Conseil fédéral aux gouvernements des divers États de l'Europe, avec invitation d'avoir à faire connaître leurs intentions.

Ce mémoire fut imprimé et envoyé par les auteurs aux différentes Compagnies de chemins de fer et à toutes les personnes que la question pouvait intéresser. La presse suisse, allemande, ita-lienne et française, en donna des extraits et appuya l'idée émise par les pétitionnaires. Les grandes Compagnies françaises accueillirent à ce moment favorablement les conclusions du Mémoire et dans une lettre datée du 16 février 1875, le Président du Conseil d'administration de la Compagnie d'Orléans annonce à votre rapporteur : « que le travail ayant paru des plus intéressants, les » six grandes Compagnies françaises l'ont mis immédiatement à » l'étude, et ont demandé d'un commun accord à M. le Ministre » des travaux publics l'autorisation nécessaire pour que deux repré- » sentants de l'industrie du chemin de fer français fissent partie » de la Conférence internationale. »

Après un long délai nécessité par les longueurs diplomatiques, plusieurs États répondirent qu'en principe ils acceptaient la réunion d'une Conférence internationale, mais qu'ils demandaient au Conseil Fédéral de faire rédiger un avant-projet qui servît de base à la discussion. — Une Commission composée de jurisconsultes suisses, de directeurs de chemins de fer et des deux auteurs du projet prépara alors l'avant-projet, qui fut communiqué officiellement aux divers Gouvernements. Le Conseil Fédéral les invitait à déclarer, dans un court délai, s'ils avaient l'intention de prendre part à la Conférence en acceptant pour base de la discussion l'avant-projet suisse. — La presse, quelques chambres de commerce étudièrent cet avant-projet, qui fut commenté également dans un ouvrage spécial du docteur Egger, assesseur près la direction royale du chemin de fer de la Haute-Silésie, ainsi que dans l'*Economiste français* et la *Revue internationale de Gand*.

Les divers gouvernements de l'Europe acceptèrent enfin l'invitation du Conseil Fédéral et, le 13 mai 1878, se réunirent à Berne, les délégués de l'Allemagne, de la France, de l'Autriche-Hongrie, de l'Italie, de la Russie, de la Belgique, de la Hollande, du Luxembourg et de la Suisse.

Comme vous le voyez, Messieurs, il a fallu trois ans d'efforts persévérants pour obtenir ce résultat.

L'*Allemagne* était représentée par M. le Dr Gerstner, Conseiller intime Royal et membre de l'Office Impérial des chemins de fer, — M. le docteur Meyer, Conseiller supérieur intime et membre de l'Office Impérial de la Justice — M. Rutz, Conseiller de la Direction générale des chemins de fer bavarois; M. le D^r von der Leyen, Conseiller intime et Membre de l'Office Impérial des chemins de fer.

L'*Autriche-Hongrie* avait pour délégués : MM. Polanetz, Conseiller de section au Ministère Impérial du Commerce;

Docteur E. Steinbach, secrétaire du Ministère de la Justice;

Hugo Kileny, Conseiller de section au Ministère Hongrois des communications;

Docteur Ch. Herich, Conseiller de section au Ministère Hongrois du commerce;

Docteur Alb. Alexy, secrétaire au Ministère de la Justice.

La *France* était représentée par MM. de Savigny, docteur en droit, Inspecteur principal de l'exploitation commerciale des chemins de fer ;

Et Marbeau, auditeur au Conseil d'État.

La *Russie* par MM. Saloff, ingénieur, Conseiller d'État actuel, membre du Conseil d'administration de la grande Société des chemins de fer russes ;

Et L. Perl, chef de division de la grande Société des chemins de fer russes, directeur-gérant de l'*Union russe*.

L'*Italie* avait pour délégués MM. T. Villa, vice-président de la Chambre des députés ;

Gola, avocat, chef du contentieux du chemin de fer de la Haute-Italie et Paria, sous-commissaire royal des chemins de fer de la Haute-Italie.

La Belgique avait envoyé comme délégués MM. Montgenast, administrateur des chemins de fer de l'État belge, et Lejeune, avocat à la Cour de cassation.

Le Luxembourg, MM. Mersch, Conseiller d'État, commissaire de gouvernement pour les affaires de chemins de fer, et Leilfried, avocat.

Les Pays-Bas, M. J. Pynappel, avocat.

Enfin *la Suisse* avait pour délégués M. le Conseiller fédéral Heert, M. le professeur Fick et MM. de Seigneux et Christ, les auteurs du projet, lesquels remplissaient les fonctions de secrétaires avec voix consultative.

Chacune des délégations avait des instructions sinon précises, du moins assez générales pour permettre aux délégués d'élaborer un projet, car il était bien entendu que les États ne seraient point liés par les résolutions de la Conférence, et pour bien faire comprendre quelle était l'attitude des délégations, nous croyons nécessaire d'entrer dans quelques détails.

Les délégués français avaient été envoyés à Berne, beaucoup plus pour écouter et faire un rapport, que pour prendre une part active à la discussion. En effet, les grandes Compagnies françaises, après avoir accueilli très-favorablement, ainsi que nous l'avons vu, le projet de réunir une conférence, avaient, paraît-il, modifié leur manière de voir. Elles évitèrent de se prononcer sur le projet de convention rédigé par la Suisse, et de transmettre leurs observations. Le gouvernement français ne voulut point pour cela s'abstenir de prendre part à la conférence dont il comprenait toute l'importance, mais il attendait le résultat des travaux de la conférence pour étudier la question à loisir. Les délégués français ne pouvaient donc, en présence de leurs instructions, que donner des renseignements utiles sur la législation française. Ils l'ont fait avec une parfaite connaissance du sujet, une grande clarté dans leurs démonstrations et l'autorité qui s'attache partout aux représentants de la France.

Les délégués allemands se présentaient à la conférence avec un contre-projet préparé depuis longtemps, étudié de toutes pièces, traduit en français, mais communiqué aux autres délégations la veille seulement de l'ouverture de la Conférence.

Ce projet avait cela de remarquable, qu'il se rapprochait beaucoup plus du droit français que de la législation allemande actuelle. Abandonnant en particulier la disposition du règlement d'exploitation de 1874 qui limite la responsabilité du chemin de fer à 75 francs par 100 kilos, lorsqu'il n'y a pas assurance, le contre-projet allemand acceptait l'idée de l'indemnité évaluée à la valeur commerciale de la marchandise. Cette concession a grandement facilité l'œuvre de la Conférence, car une convention internationale ne peut être qu'un compromis entre des systèmes extrêmes. Les délégués allemands montraient le plus vif désir d'arriver à une entente, et comme ils avaient l'avantage de connaître à fond le sujet, leur influence a été très-grande dans la discussion.

L'Autriche-Hongrie se trouvait à peu près dans la même situation que l'Allemagne. Bien que les dispositions des codes Autrichiens et Hongrois établissent la responsabilité des chemins de fer, cette responsabilité est fort limitée par le règlement allemand d'exploitation que l'Autriche-Hongrie a également accepté et qui s'est substitué à sa législation. Les délégués Autrichiens et Hongrois reconnaissaient que le règlement d'exploitation devrait être modifié dans un sens plus favorable au commerce et approuvaient les modifications apportées par le projet allemand.

Quant à la Belgique elle se présentait à la conférence dans une situation très-délicate, car peu de temps auparavant le gouvernement belge, devenu le propriétaire de la presque totalité des chemins de fer, présentait aux Chambres un projet de loi dans lequel il abandonnait les principes du code Napoléon, pour adopter ceux d'une responsabilité plus que limitée des chemins de fer. — Comme nous le verrons, le projet de convention n'a pas accepté les tendances du projet de loi belge.

En Italie la question des chemins de fer entrait dans une nouvelle phase, car l'État est devenu ou deviendra propriétaire de la plupart des réseaux ; aussi le travail de la refonte de la législation en matière de transports est-il en pleine activité. — Les délégués Italiens étaient donc disposés à accepter toutes les dispositions qui constitueraient un véritable progrès.

Le Luxembourg et la Hollande se trouvaient dans la singulière situation de pays qui sont régis par les principes du code Napoléon et qui ont cependant accepté le règlement allemand. Quant à la Russie dont le gouvernement peut imposer ce qu'il veut à ses chemins de fer, ses délégués étaient surtout préoccupés de faire effacer du projet des dispositions qui en auraient rendu l'application difficile dans leur pays.

La Suisse se présentait à la conférence avec une loi spéciale et un projet dans lequel on avait cherché à tenir compte dans une juste mesure du système français et du système allemand.

Telle était l'attitude respective des délégués et c'est dans ces circonstances que la conférence ouvrit ses délibérations le 13 mai 1878 sous la présidence de M. le conseiller fédéral Heer. La Suisse avait donc pour la seconde fois l'honneur de recevoir sur son territoire les délégués de plusieurs nations et de prendre l'initiative d'une œuvre de progrès et de conciliation dont les effets seront d'une portée immense dans l'histoire des peuples.

Nous devons maintenant, Messieurs, vous esquisser à grands traits le projet de convention. L'étendue de ce travail ne nous permet point, vous le comprenez, de nous attacher aux détails, car le projet de convention comprend le traité lui-même, divisé en 56 articles, et deux annexes, soit les dispositions à émettre pour l'exécution du traité et une convention spéciale sur l'institution d'une commission internationale.

Le traité proprement dit devrait seul être soumis aux autorités législatives de chaque État, tandis que les dispositions d'exécution seraient considérées comme un règlement qui pourra être modifié, s'il y a lieu, d'un commun accord, par les Gouvernements.

Deux moyens s'offraient à nous pour rendre compte du projet. L'un consistait à étudier la convention article par article, l'autre à prendre un exemple, celui d'une expédition faite d'un territoire à destination d'un autre, et à le suivre pas à pas. C'est ce dernier moyen que nous avons adopté dans l'espérance que cette étude ainsi faite serait moins fastidieuse et plus compréhensible.

Nous supposons donc qu'un négociant d'Anvers veut expédier à Turin des balles de coton.

Sous l'empire de la législation actuelle, comme il n'existe pas de service international entre Anvers et Turin, l'expéditeur est obligé de recourir à l'intervention de commissionnaires intermédiaires aux stations de Sterpnich, Bâle et Genève. Les formalités de douane se feront en outre à Bâle, Bellegarde et Modane. Nous aurons ainsi sous les yeux tous les inconvénients d'un pareil système, et nous pourrons étudier comment le projet de convention est parvenu à les éviter.

En premier lieu, au lieu d'être obligé d'avoir recours à des commissionnaires intermédiaires qui à chaque transmission créeront de nouvelles lettres de voiture, donneront des bulletins de garanties et seront considérés comme les véritables intéressés, l'expéditeur n'aura qu'à s'adresser à la gare d'Anvers.

Il réclamera l'application du service international en présentant sa marchandise à l'expédition au transport, accompagnée d'une lettre de voiture rédigée d'après le formulaire indiqué dans le projet de convention et contenant toutes les mentions exigées par l'article 6.

Le chemin de fer belge ne pourra se refuser à accepter l'expédition directe à destination de Turin, et lorsqu'il aura reconnu que la marchandise est bien emballée, lorsqu'il aura contrôlé les déclarations contenues dans la lettre de voiture, il apposera son timbre sur cette lettre et le contrat de transport sera conclu.

A partir de ce moment le chemin de fer belge est responsable de la marchandise jusqu'à destination, et il en est responsable non pas d'après les principes de la loi belge, ou successivement d'après les législations allemande, suisse, française ou italienne, au fur et à mesure que la marchandise traverse ces divers Etats, mais d'après les principes inscrits dans la Convention internationale.

Un seul droit réglera donc tout ce qui concerne cette expédition et le premier transporteur, obligé d'accepter l'expédition, sera responsable pour tous les transporteurs subséquents.

Mais, dira-t-on, il y a quelque chose d'injuste à forcer un chemin de fer à entrer en relations directes avec des transporteurs subséquents qu'il ne connaît pas, dont il doit être garant et auxquels il est contraint de faire crédit. Nous avons déjà étudié en principe cette question. et nous l'avons résolue dans le sens que les Etats ont le droit d'imposer aux chemins de fer ce que nous appellerons l'*obligation de transport*, à la condition toutefois, que l'équilibre financier de l'exploitation ne soit pas mis en péril. Dans la pratique, du reste, les compagnies deviennent très-rarement créancières les unes des autres de sommes qui soient en rapport avec les produits de l'exploitation. Il s'établit entre elles des comptes courants qui soldent ordinairement par des différences peu élevées, et qui se règlent à des époques assez rapprochées. Les Compagnies pourront prendre également des garanties et rien ne les empêchera de réclamer immédiatement de la Compagnie subséquente, le paiement du prix de transport. Cependant la Conférence n'a pas voulu que la résistance des chemins de fer à accepter cette obligation de transport, pût être la cause du rejet de la Convention. Dans ce but elle a introduit dans le projet l'idée de l'institution d'une Commission internationale qui aura pour mission principale de veiller à ce que l'obligation de transport ne devienne pas pour les chemins de fer une cause de perte. Si l'un des chemins de fer soumis à la convention vient à ne plus présenter les garanties de solvabilité nécessaires, la Commission internationale aura le droit ou de suspendre à son égard l'obligation de transport, ou d'exiger de lui certaines conditions spéciales.

Nous verrons plus loin comment sera constituée cette commission et quelle sera sa compétence.

En créant un droit de transport international, la Conférence a soigneusement évité de s'occuper du service interne. La législation nationale de chaque Etat continuera à rester seule applicable pour tout transport s'effectuant à l'intérieur.

Cette réserve soulèvera certainement les critiques des partisans de l'unification complète du droit de transport. Ils objecteront, sans doute, qu'il sera difficile d'avoir, dans un même pays, des règles de droit différentes, les unes applicables au service international, les autres au service interne. Certes il eût mieux valu adopter un droit unique, si ce droit unique eût été acceptable et applicable, mais il est difficile de croire que les Etats eussent abordé aujourd'hui une pareille réforme. L'exploitation des chemins de fer touche à trop de questions économiques et politiques pour que chaque Etat abandonne sur ce point son droit particulier. Si certaines considérations engagent les Etats à se lier par des traités qui substituent, dans des cas bien délimités, le droit international au droit national, c'est qu'il s'agit de réglementer des rapports internationaux. Peu importe à l'Allemagne que la France ait ses lois spéciales réglant le service interne des chemins français, de même qu'il est indifférent au commerce français que les indemnités normales soient applicables dans l'intérieur de l'empire allemand. Mais ce qui importe aux uns et aux autres, c'est que les rapports internationaux qui lient intimement les deux pays, et qui ne peuvent exister que par l'entremise des chemins de fer, soient soumis à des principes uniformes. Il existe alors un intérêt majeur, l'intérêt du commerce international qui nécessite entre États un accord indispensable, et un abandon partiel des règles de droit nationales. Du reste l'anomalie dont on se plaint ne durera pas longtemps. Peu à peu le travail d'unification se fera, et les règles du droit international deviendront celles du droit national. Nous croyons donc que la Conférence a eu raison de ne point s'occuper du service interne des chemins de fer et que les amis du véritable progrès l'approuveront.

Continuons notre étude et examinons ce qui va se passer, une fois la marchandise présentée à la gare de départ par l'expéditeur, nanti de la lettre de voiture internationale.

Nous avons dit que le contrat de transport sera conclu du moment où le Chemin de fer, ayant contrôlé la marchandise, aura apposé un timbre sur la lettre de voiture. — A partir de ce moment toutes les règles de droit énoncées dans le projet de convention seront seules applicables. — Les Compagnies de Chemins de fer auront-elles le droit de modifier ces règles de droit par des conditions spéciales, insérées dans leurs règlements ou dans des conventions particulières ? L'article 5 du projet de convention le leur interdit. — Toute condition pareille sera réputée nulle et non écrite, et la Conférence, en adoptant ce principe, a eu surtout en vue d'abolir les tarifs, dits sans responsabilité ou à responsabilité limitée, appliqués aux transports internationaux.

Le projet de convention contient en effet des dispositions concernant la responsabilité des Compagnies, dispositions dont elles ne pourront s'affranchir.

Il n'est pas nécessaire de rappeler ici à quelles controverses et difficultés a donné lieu l'application des tarifs sans responsabilité. Le droit d'établir de pareils tarifs a été longtemps contesté aux Chemins de fer par le commerce de tous les pays. Les chambres de commerce françaises et belges en particulier, ont constamment soutenu que l'application de ces tarifs était une violation des principes du Code Napoléon. — La jurisprudence a varié sur cette question, mais la Cour de cassation paraît aujourd'hui fixée sur le droit des Compagnies d'assimiler les tarifs aux cahiers des charges, lorsque ces tarifs ont été approuvés par l'autorité.

Nous ne voulons pas discuter ici cette jurisprudence, mais nous croyons que la Conférence a bien fait de supprimer les causes du conflit. — Si le projet de convention a autorisé, sous des condi-

2

tions très-sévères, l'application de tarifs à prix réduits, ainsi que nous le verrons plus tard, la Conférence a eu soin de ne rien changer à la situation légale des parties car elle n'a point admis, dans ce cas, la présomption de non responsabilité en faveur des Compagnies, telle qu'elle résulte des tarifs sans responsabilité.

Quels seront donc les principes de la responsabilité qui seront applicables au transport international du moment où le Chemin de fer aura apposé son timbre sur la lettre de voiture ? Nous allons les énoncer aussi brièvement que possible.

La Conférence se trouvait en présence de deux systèmes bien différents, celui du Code Napoléon, et celui du Règlement d'exploitation des Chemins de fer allemands. — L'un et l'autre étaient l'objet de sévères critiques, et pour en bien apprécier la portée, nous devons les résumer en quelques mots.

Aux termes des articles 97 et 98 du Code de Commerce, combinés avec les articles 1382 et 1149 du Code Civil, le Chemin de fer est responsable de la marchandise, et cette responsabilité s'étend jusqu'à lui faire payer, non-seulement la valeur de la marchandise, mais encore des dommages-intérêts pour le bénéfice perdu, lorsqu'il y a eu perte, avarie ou retard. — Si le législateur s'était borné à poser ces principes, il n'y aurait aucune controverse, mais malheureusement il existe un article 1150 qui décide que le débiteur n'est tenu que des dommages-intérêts, qui ont été prévus ou que l'on a pu prévoir lors du contrat, et un article 1151 qui statue que les dommages et intérêts ne doivent comprendre que ce qui est une suite immédiate et directe de l'exécution du contrat. — On comprend maintenant en quoi consistent et les prétentions du commerce, et les résistances des Chemins de fer. L'expéditeur soutiendra que la marchandise perdue étant vendue, il est frustré non-seulement du prix de la marchandise, mais encore du bénéfice qu'il comptait réaliser; que cette vente devrait lui ouvrir de nouveaux débouchés, enfin qu'il est lui-même actionné en dommages-intérêts pour non-livraison en temps utile. — La Compagnie prétendra que, lorsque le contrat de transport a été conclu, l'expéditeur ne lui a fait aucune déclaration spéciale, qu'elle n'a prévu et n'a pu prévoir que des dommages-intérêts limités ; qu'il s'agit en tous cas de dommages-intérêts qui ne sont pas une suite immédiate du contrat, etc., etc. De là, procès, contestations, frais de toute espèce, et ncertitude dans l'application de la loi. — Tels sont les arguments dont on se sert pour attaquer les principes de la législation française, et nous devons reconnaître qu'ils sont en partie fondés.

Dans le système du Règlement allemand, l'expéditeur a le choix, ou de ne pas assurer sa marchandise, et dans ce cas il reçoit pour toute indemnité 75 francs par 100 kilos (indemnité normale), ou de l'assurer moyennant une surtaxe, et alors, si le dommage est établi, il peut réclamer une indemnité plus forte.

Ce système est unanimement critiqué par le commerce allemand. Il est évident que l'indemnité de 75 francs par 100 kilos est dérisoire, qu'elle provoque la fraude et surtout les soustractions frauduleuses. — L'assurance peut bien garantir, dans une certaine mesure, l'expéditeur, mais elle coûte assez cher, et, par ce motif, elle n'est pas employée pour un grand nombre de marchandises. On peut en outre soutenir que le Règlement d'exploitation est en complète contradiction avec les principes du Code de Commerce allemand qui proclament une responsabilité beaucoup plus étendue.

Aussi les délégués allemands à la Conférence avaient-ils abandonné les dispositions du Règlement d'exploitation pour introduire dans leur projet le principe de la réparation du préjudice calculée d'après la valeur de la marchandise au lieu et à l'époque de la livraison.

La Conférence a été plus loin que les délégués allemands, et elle a admis le système suivant qui est un compromis heureux entre le droit français et le droit allemand.

De deux choses l'une, ou l'expéditeur aura un intérêt particulier à obtenir la livraison régulière et en temps utile de la marchandise, et dans ce cas il évaluera lui-même cet intérêt et l'indiquera en chiffres dans la lettre de voiture, ou il n'aura pas d'intérêt particulier à cette livraison. — S'il n'a point d'intérêt, il ne fera pas de déclaration, et dans ce cas il recevra pour toute indemnité la valeur de la marchandise au lieu et à l'époque où la livraison aurait dû avoir lieu. — S'il a fait une déclaration, il aura le droit de réclamer en premier lieu, la valeur de la marchandise calculée de la même manière et en outre des dommages-intérêts qui pourront s'élever au montant de la somme déclarée. S'il ne s'agit que d'une avarie, l'indemnité sera proportionnelle.

Tel est le système fort simple adopté par la Conférence, et nous croyons qu'il répond à toutes les critiques. — La valeur de la marchandise au lieu et à l'époque où devait s'effectuer la livraison représente généralement et la valeur intrinsèque des colis, et le bénéfice que l'on pouvait espérer par la vente. — La déclaration d'intérêt sera motivée par des circonstances spéciales dont le chemin de fer peut connaître ainsi l'existence, et elle a de plus l'avantage de limiter l'indemnité. Il ne faut pas oublier en effet que le contrat de transport ne peut être confondu avec le contrat de vente ou tout autre contrat. Le Chemin de fer ne peut être tenu au delà d'une certaine somme correspondant avec le mandat dont il s'est chargé, et le louage d'industrie qu'il a consenti. Toute autre interprétation du contrat serait excessive et nullement en rapport avec les risques que courent les Chemins de fer, les charges qu'ils ont à supporter, et la grave responsabilité qui leur incombe. Nous espérons que le commerce et les Compagnies accueilleront avec faveur ce système qui tient une juste mesure entre les droits des uns et les obligations des autres. Il vous appartient, Messieurs, de le juger en premier ressort.

La même déclaration d'intérêt est applicable au retard dans la livraison.

Le retard peut être souvent une cause de préjudice et il est fort difficile, la plupart du temps, d'en apprécier les conséquences. Combien de procès ne se sont pas élevés à ce sujet, et combien aussi de jugements contradictoires ! D'autre part le commerce en général préfère aux théories du droit, des règles certaines, des chiffres en un mot, et c'est cette idée qui a engagé la Conférence à adopter les dispositions suivantes. — S'il n'y a pas eu déclaration d'intérêt à la livraison et qu'il y ait eu retard, le lésé recevra en tous cas, à titre d'indemnité, un quart du prix de transport pour un retard ne dépassant pas un quart du délai de livraison, et la moitié pour tout retard de plus du quart. — C'est une sorte d'indemnité normale facile à calculer. Si le lésé prétend que ce retard lui a causé un préjudice plus élevé et qu'il établisse ce préjudice, le Chemin de fer sera condamné à lui payer une indemnité qui pourra s'élever jusqu'à la totalité du prix de transport. Mais il peut se faire, comme nous l'avons vu, que l'ayant droit ait un intérêt particulier à la livraison, dans ce cas l'expéditeur aura fait une déclaration d'intérêt applicable aussi bien à la perte qu'au retard, et alors l'indemnité sera en tout cas de la moitié du prix de transport sans preuve de dommage effectif et pourra s'élever à la somme déclarée si le dommage est établi. — Ce système a cet avantage qu'il permettra dans une foule de cas de régler à l'amiable, et sans contestations, des réclamations pour retard qui donnent lieu aujourd'hui à de longs procès. Peut-être les indemnités normales ne sont-elles pas suffisantes et conviendra-t-il d'en élever le chiffre, mais il ne faut pas oublier qu'il s'agit de transports internationaux dont les frais de voiture peuvent s'élever à plusieurs mille francs, et il a fallu tenir compte de cette éventualité.

Telles sont les règles concernant la responsabilité, telles qu'elles sont écrites dans le projet de convention.

La Conférence a cependant admis des dérogations à ces principes généraux, et quant à nous, nous regrettons que ces dérogations aient été acceptées, au moins dans la forme qui leur a été donnée. Les unes cependant sont de droit commun et nous n'avons rien à objecter à leur admission. Elles concernent la non responsabilité des Chemins de fer, lorsque le dommage a eu pour cause une faute de l'ayant droit, un ordre de celui-ci, le vice propre de la marchandise ou enfin une force majeure, mais il faut que les Chemins de fer établissent ces circonstances. Ces exceptions sont du reste admises dans toutes les législations, et il y avait lieu de les accepter.

Nous n'en dirons pas autant de celles contenues dans l'article 31 et qui sont relatives aux avaries provenant du transport en wagons découverts, à celles causées par un emballage défectueux et par manque d'emballage, — aux avaries résultant du chargement et du déchargement opérés par les ayants droit, à celles survenues pendant le transport d'animaux vivants, et surtout à celles qui sont présumées résulter de la nature même de la marchandise. C'est vainement que dans la Conférence, une minorité importante a voulu faire opposition à l'introduction de ces exceptions à l'admission du principe qui accepte dans tous ces cas une présomption de non responsabilité en faveur du Chemin de fer. — La minorité estimait en effet que cet article 31 était la négation du principe de la responsabilité inscrit dans l'article précédent et que les Chemins de fer ne manqueraient pas de se servir de cette arme puissante pour chercher à se dégager dans tous les cas un peu douteux. — Nous avons soutenu qu'il suffisait d'introduire dans l'article 30 l'idée que le Chemin de fer serait également déchargé de toute responsabilité s'il prouvait que le dommage a eu pour cause *le fait ou la faute de l'ayant droit* pour que toutes les exceptions indiquées dans l'article 31 fussent visées. — Nous avons prouvé que ces exceptions n'étaient pas même mentionnées dans les tarifs internationaux publiés par les Compagnies, que dans les tarifs spéciaux ces exceptions correspondaient toujours avec une notable réduction de prix. Nos efforts ne sont pas parvenus à empêcher l'introduction de ces exceptions tirées des règlements allemands. — Toutefois si nous n'avons pas réussi à convaincre la majorité de la Conférence, nous avons cependant obtenu quelques tempéraments qui rendront l'application de ces exceptions assez difficile, et pour vous montrer en quoi consistent ces tempéraments, nous sommes obligés de vous rappeler en quelques mots ce qui se passe aujourd'hui sous l'empire des tarifs à responsabilité limitée, tarifs qui dans la pratique sont en général relatifs aux exceptions énoncées plus haut.

Lorsqu'une Compagnie consent à établir un tarif à responsabilité limitée, elle réduit ses prix de transports, et elle le fait sous le prétexte que cette réduction de prix correspond avec une diminution de responsabilité. — Ainsi elle offrira de transporter en wagons découverts des marchandises qui, dans la règle, devraient être expédiées en wagons fermés. Elle consentira à une réduction de prix, mais en revanche la Compagnie insérera dans les conditions spéciales du tarif, qu'elle n'accepte aucune responsabilité résultant du mode de transport accepté et choisi par l'expéditeur. — Puis si une avarie, quelle qu'elle soit, vient à se produire, la Compagnie se bornera à répondre que cette avarie provient nécessairement du choix fait par l'expéditeur, du tarif à wagons découverts par exemple, et elle sera crue sur son affirmation en vertu de la présomption légale créée en sa faveur. — Pour détruire cette présomption, le demandeur devra prouver par titres ou par témoins que la Compagnie a commis une faute en dehors de l'éventualité prévue et qu'elle en est responsable.

Vous savez, Messieurs, de quelles précautions le législateur a entouré la preuve légale. Le juge est lié par des règles de procédure dont il ne peut se départir, et, à défaut de preuve pertinente et admissible, le demandeur est débouté. Il résulte de ces dispositions légales, que dans la plupart des cas, la preuve est impossible. Les soustractions frauduleuses, les coups de tampons, les mauvais soins donnés à la marchandise sont mis sur le compte du transport en wagons découverts et le Chemin de fer est dégagé, bien qu'il fût réellement responsable.

La situation légale des parties ne sera pas tout à fait la même aux termes de l'article 31. — La majorité de la Conférence a mis à l'admission de la présomption de non-responsabilité des conditions qui sauvegardent en partie les intérêts du commerce. — En premier lieu, le Chemin de fer devra établir que l'avarie provient de la cause qui peut faire admettre la présomption. — Il ne suffira plus que la Compagnie se borne à dire que le seul choix du mode de transport la rend non responsable, il faudra encore que le Chemin de fer établisse que l'avarie est résultée du danger inhérent au mode de transport, du manque ou de la défectuosité de l'emballage, etc., etc. — D'autre part le demandeur ne sera plus tenu, pour détruire les allégations du Chemin de fer, d'articuler une offre de preuve. Les circonstances seront prises en sérieuse considération par le juge qui, ainsi que le prescrit l'article 55, statuera dans sa libre conviction, basée sur les débats, et sans qu'il soit soumis à des règles de preuve. En réalité dans la plupart des cas ce seront des rapports d'experts qui décideront de la question. — La règle stricte du droit d'après laquelle il appartient au demandeur de prouver l'extrême de son action ne sera pas appliquée rigoureusement.

Tels sont les tempéraments qui ont été apportés aux exceptions admises par la Conférence. — Quant à nous, nous préférerions de beaucoup qu'il n'y eût aucune présomption quelconque sauf celle résultant d'un fait certain, savoir, que le Chemin de fer a reçu la marchandise en bon état et qu'il doit la rendre telle, sous réserve de prouver sa non responsabilité selon le droit commun. Espérons que dans la prochaine Conférence les principes posés dans l'article 31 seront éliminés.

Il nous reste, pour en terminer avec cette question des responsabilités, à vous dire quelques mots de l'article 35. Aux termes de cet article, les Compagnies sont autorisées, sous certaines conditions, à limiter le dommage, d'accord avec l'expéditeur, à une somme déterminée d'avance et qui peut être inférieure à la valeur commerciale de la marchandise (indemnité normale). Pour introduire cette disposition dans la Convention, on a prétendu que certaines marchandises, les blés par exemple, devaient être transportés à des prix très-réduits, et que ces prix réduits ne pouvaient être concédés, si les Chemins de fer étaient soumis à une responsabilité complète, On a soutenu aussi qu'il était juste de donner à l'expéditeur le choix, ou du tarif plein avec responsabilité entière, ou du tarif réduit avec responsabilité limitée.

Quant à nous, nous n'estimons pas que ces raisons fussent suffisantes. Dans notre opinion, la réduction des prix de transport consentie par les Chemins de fer est complétement indépendante de la restriction de responsabilité. Ce n'est pas parce que la responsabilité sera diminuée que les Compagnies réduiront leurs prix de transport. — Il faut chercher les motifs de ces réductions dans un autre ordre d'idées. — En fait, c'est pour attirer le trafic sur leur réseau, c'est pour ruiner une Compagnie concurrente, c'est ensuite d'une bonne utilisation du matériel, c'est par principe économique même, que les Chemins de fer se décident le plus souvent à consentir, pour certaines marchandises, des réductions de tarifs. — Elles le feraient tout aussi bien sans imposer une restriction de responsabilité. Il n'en résulte pas moins que le commerce qui ne voit dans ces tarifs qu'une réduction de prix, et qui recherche cette réduction avant toute chose, s'informe, peu ou pas, des conditions mises à cette diminution des frais de transport, et que fort souvent il n'apprend à les connaître que lorsque le préjudice est déjà éprouvé.

Quoi qu'il en soit, si la Conférence a autorisé les tarifs à indemnité fixée d'avance, elle ne l'a fait que sous certaines conditions qui en rendent l'application très-difficile, et d'autre part elle n'a admis dans ce cas aucune présomption en faveur des Chemins de fer. Il faudra en effet que ces tarifs soient approuvés par les autorités compétentes de chacun des États à parcourir; qu'ils correspondent avec une notable réduction de prix, et qu'ils soient applicables à la totalité du parcours.

Si toutes ces conditions sont réalisées, l'ayant droit ne recevra au maximum pour indemnité que la valeur par lui déclarée aux termes du tarif. La situation légale des parties ne sera modifiée par aucune présomption, et le Chemin de fer, pour se dégager, devra prouver sa non responsabilité selon le droit commun. Il n'en est pas de même, comme nous l'avons vu, avec le système des tarifs spéciaux actuels. Avec ces restrictions, l'article 35 est acceptable, quoique nous eussions préféré qu'il n'eût pas été introduit dans la convention.

Maintenant que nous connaissons quelle responsabilité pèsera sur les Compagnies qui prendront part à notre expédition internationale consignée à Anvers à destination de Turin, demandons-nous qui aura le droit, d'après le projet, de disposer de la marchandise en cours de route.

Nous avons vu en effet que les législations des divers États étaient fort différentes les unes des autres sur cette question, et qu'il était absolument nécessaire de régler ce point dans la convention.

Deux systèmes étaient en présence : l'un accordant le droit de disposition à l'expéditeur seul, l'autre laissant aux expéditeurs et au destinataire le soin de déterminer dans la lettre de voiture celui d'entre eux qui aurait le droit de disposer.

Le premier système s'appuyait sur le principe que la lettre de voiture est un contrat entre l'expéditeur et le voiturier, dans lequel le destinataire n'intervient pas. — D'après le second système, la marchandise voyageant aux périls et risques de celui à qui elle appartient, on estimait qu'il fallait donner au destinataire la possibilité de disposer de la marchandise au cas où elle serait sa propriété. En tous cas, il fallait opter pour l'un ou pour l'autre, car il importait au transporteur de connaître exactement celui de qui il devait recevoir des directions, et d'empêcher des ordres contradictoires, ainsi que des saisies ou oppositions faites sans droit par des tiers, pendant le transport.

La Conférence s'en tenant à l'idée stricte du droit qui ne veut voir dans la lettre de voiture qu'un contrat intervenu entre l'expéditeur et le transporteur, a préféré donner le droit de disposition à l'expéditeur seul, aussi longtemps que la marchandise n'est pas arrivée à destination et que la lettre de voiture n'a pas été remise au destinataire. Dans notre opinion, cette solution n'est pas heureuse, car il semble injuste de priver le destinataire de disposer de ce qui lui appartient, s'il s'agit de marchandises vendues, alors surtout que la marchandise voyage à ses risques et périls. Le vendeur ne peut avoir la prétention de livrer et de retenir tout à la fois. Le destinataire ne saura à qui s'adresser si la marchandise est égarée ou perdue en cours de route, car s'il la réclame au chemin de fer, celui-ci lui répondra qu'il ne le connaît pas, et s'il se retourne contre l'expéditeur, celui-ci prétendra qu'il n'a pas à s'occuper d'une marchandise vendue en gare de départ. Nous craignons qu'en voulant rester sur le terrain du droit strict, la Conférence n'ait soulevé bien des difficultés dans la pratique, et nous espérons que l'on reviendra sur cette décision. Le projet suisse avait inauguré le second système, et nous croyons qu'il était préférable ; mais nous accepterions volontiers une proposition partie de la Chambre de Commerce de Genève et qui réclamait pour le destinataire le droit de disposer de la marchandise lorsqu'il était nanti d'un duplicata de la lettre de voiture, et lorsqu'il représentait ce duplicata au Chemin de fer.

Cette solution nous paraît en tous cas préférable à celle du projet de convention, qui au fond prive le destinataire de tous ses droits. Si le destinataire est nanti du duplicata de la lettre de voiture, cette détention ne peut avoir lieu que du consentement de l'expéditeur qui lui abandonne son droit. Dès lors pourquoi s'opposer à cette cession.

L'expéditeur d'Anvers aura donc seul le droit de disposer de la marchandise pendant le transport d'Anvers à Turin et aussi longtemps que celle-ci étant arrivée à Turin, la lettre de voiture n'aura pas été remise au destinataire, ou que celui-ci n'en aura pas demandé judiciairement la délivrance.

Mais comme nous l'avons vu, cette expédition aura à subir plusieurs visites de douane, notamment à Bâle, Bellegarde et Modane. Les formalités de douane ont toujours donné lieu dans la pratique à de sérieuses difficultés entre les expéditeurs et les chemins de fer. Aussi cette question a-t-elle soulevé de longues discussions dans la Conférence.

Disons en passant que nous regrettons que la convention ne contienne pas un article déclarant que la douane est responsable au même titre que les postes et autres administrations publiques, car la non responsabilité des douanes est inique et favorise les soustractions frauduleuses.

Quoi qu'il en soit, il s'agissait en particulier de savoir si l'expéditeur aurait le droit de désigner un intermédiaire chargé de remplir les formalités de douane, d'octroi et de police. Dans la plupart de leurs tarifs, les Chemins de fer refusent à l'expéditeur le droit de désigner un intermédiaire et, d'un autre côté, ils prétendent se décharger de toute responsabilité pendant ces opérations. Ce système a donné lieu à de graves inconvénients dont les moindres étaient la soustraction de divers colis, l'application de taxes erronées, la condamnation à des amendes élevées pour déclarations inexactes et des procès nombreux. D'autre part il était difficile de ne pas prendre en considération la résistance des Chemins de fer qui ne voulaient pas livrer la marchandise à un tiers, sans obliger l'expéditeur à créer une nouvelle lettre de voiture. Pour concilier les désirs du commerce et les observations des Compagnies, la Conférence a admis que l'expéditeur aurait le droit de désigner un intermédiaire, mais que le Chemin de fer aurait toujours la faculté de vérifier en tout temps la marchandise et spécialement après les opérations de douane, et cela pour constater si elle était en bon état et conforme à la lettre de voiture. Si l'expéditeur n'a pas désigné d'intermédiaire dans la lettre de voiture, le Chemin de fer pourra se charger des formalités ou en charger un tiers à son choix. Pendant les opérations de douane, le Chemin de fer qui s'en est chargé, ne sera responsable que comme commissionnaire, et s'il y a fait procéder par un tiers, il ne sera responsable que du choix par lui fait.

Nous estimons que cette question des douanes doit être sérieusement étudiée et que la prochaine Conférence devra tenir compte des observations qui seront faites pour modifier le projet sur ce point s'il y a lieu.

Pendant la durée du transport entre Anvers et Turin et avant la réception, certaines avaries ou empêchements à la livraison pourront se produire; quels seront alors les devoirs des Chemins de fer et quels seront les droits de l'expéditeur ou du destinataire ? Il est nécessaire de donner une solution à ces questions, car sous l'empire de la législation actuelle, les formalités remplies dans un État conformément à la législation de cet État, étaient souvent considérées comme nulles, vis-à-vis de l'expéditeur ou du destinataire soumis à une autre législation.

La Conférence a décidé que dans tous les cas de perte totale ou partielle, d'avarie ou de retard, les administrations de Chemins de fer étaient tenues de faire immédiatement une enquête, de dresser des procès-verbaux de recherches effectuées, et de les communiquer aux intéressés sur leur demande. Si le Chemin de fer découvre ou suppose une perte partielle ou une avarie, si l'ayant droit en allègue l'existence, il doit être immédiatement procédé amiablement à la vérification de la marchandise, à l'estimation du dommage, et à la recherche de la cause et de l'époque à laquelle remonte la perte partielle ou l'avarie. La vérification devra être faite en présence de témoins et s'il y a lieu avec le concours d'experts, l'ayant droit présent si possible. A défaut d'entente amiable, la constatation judiciaire sera ordonnée par le juge compétent, et faite d'après la procédure du lieu où devra s'exécuter la vérification.

Ainsi seront tranchées bien des difficultés qui existent encore aujourd'hui, et qui sont souvent dues à un défaut d'entente.

Une fois arrivée à destination, et le destinataire en possession de la
lettre de voiture, ce dernier aura-t-il le droit de refuser la réception
de la marchandise, s'il avait déjà payé les frais de transport?

A cette question, la Conférence a répondu affirmativement. Le
droit de vérification n'est pas éteint par le fait du paiement de la
lettre de voiture. Le destinataire qui, après avoir examiné la marchandise, prétend qu'elle est avariée, peut refuser la réception aussi
longtemps que l'existence du dommage n'a pas été constatée, conformément à sa réquisition, mais il ne pourra en prendre livraison
sous réserves. Le projet de convention a sagement fait en interdisant
l'insertion de réserves après la réception. Du moment où la loi donne
au destinataire le droit de présenter ses réclamations, même après
réception, l'insertion de réserves n'avait plus sa raison d'être. Cette
faculté qui, du reste, n'avait rien de légal, donnait lieu à bien des
difficultés ; car, ou les réserves étaient trop générales, et le Chemin
de fer refusait de les accepter, ou elles étaient sans signification, et
par conséquent sans portée. La plupart du temps, du reste, elles
étaient prises par des commissionnaires intermédiaires, sans intérêt
et sans mandat.

Il ne faut pas confondre ce droit de faire constater le dommage
pouvant résulter du transport, avec le droit de vérifier la marchan-
chandise au point de vue de sa conformité avec la marchandise
vendue. La Conférence n'a pas voulu s'occuper de cette dernière
question, dont la solution est laissée à la législation de chaque État.
En effet, le projet de convention ne s'occupe que du droit de transport international; il règle d'une manière uniforme les rapports
entre l'expéditeur, le transporteur et le destinataire ; tout ce qui
concerne les conventions entre le vendeur et l'acheteur doit lui rester
étranger.

Une fois la marchandise effectivement reçue, vous n'ignorez pas,
Messieurs, que le déballage, qui rarement est possible en gare, peut
faire constater la découverte d'avaries non apparentes. Cette question
des avaries non apparentes est une de celles qui ont donné lieu à
le plus de controverses et de contestations. En France, les Compagnies de Chemins de fer, armées de l'article 105 du Code de Commerce, qui décide que le paiement de la lettre de voiture et la
réception des objets transportés éteignent toute action contre le
voiturier, ont constamment soutenu que cet article était applicable,
même aux avaries non apparentes. Les négociants ont toujours pro-

testé contre cette interprétation, et les tribunaux de commerce leur ont, en général, donné raison ; mais la Cour de Cassation a cassé leurs jugements. Cependant il était indiscutable que, d'une part, les Compagnies exigeaient le paiement préalable des frais de transport, et que, d'autre part, la vérification intérieure des colis n'était ni autorisée ni possible en gare avant la réception. Les plaintes du commerce ont été entendues par la Conférence, et l'article 44 du projet pose en principe que le droit d'intenter l'action en responsabilité n'est pas éteinte par le paiement des frais de transport et la réception, lorsqu'il s'agit d'avaries non apparentes.

Toutefois le projet met à l'exercice de ce droit deux conditions : 1° La demande en constatation doit être intentée immédiatement après la découverte du dommage, et au plus tard dans les dix jours qui ont suivi la réception. — 2° L'ayant droit est tenu de prouver que le dommage s'est produit dans l'intervalle écoulé entre la remise au transport et la livraison. Ces deux conditions étaient justes et nécessaires. — D'une part, en effet, on ne peut laisser les Chemins de fer sous le coup d'une responsabilité indéfinie, et dans l'intérêt même du demandeur, il convient que le dommage soit constaté le plus promptement possible ; d'autre part la preuve mise à la charge du demandeur est nécessaire, car le Chemin de fer n'est plus détenteur après la réception, et il ne peut ni surveiller la marchandise, ni contrôler les assertions et les agissements du destinataire.

Nous croyons que par ces dispositions la Conférence a tenu une juste balance entre les réclamations du commerce et les droits des Chemins de fer.

Supposons maintenant notre expédition parvenue à Turin. — Le destinataire sera tenu de payer le montant de la lettre de voiture si l'expédition n'a pas eu lieu en port payé. Les Chemins de fer de la Haute-Italie, qui sont les derniers transporteurs, devront réclamer au destinataire la totalité des frais de transport et des dépenses faites. — Mais quelle sera la garantie du voiturier ?

Dans toutes les législations, le voiturier a un droit de préférence sur la marchandise, pour le montant des frais de transport. — Mais ce droit de préférence varie selon les législations. — En France, le voiturier a un droit de rétention et un privilége. — En Allemagne, on lui accorde même un droit de suite. Dans d'autres pays, le Chemin de fer n'a qu'une sorte de droit de gage. Il était nécessaire, pour garantir les transporteurs, de créer en cette matière un droit uniforme, et qui ne s'éloignât pas trop des principes généralement admis. Or dans presque toutes les législations la notion d'un droit de gage donnant au créancier gagiste un droit de rétention et la faculté d'être payé par privilége sur le produit de la vente du gage, est généralement admise. — C'est de là qu'est sortie l'idée d'assimiler les Chemins de fer à un créancier gagiste et de leur concéder sur la chose transportée un droit de rétention et un privilége spécial. Ces droits pourront s'exercer aussi longtemps que le Chemin de fer détiendra la marchandise, et même lorsqu'il l'aura déposée entre les mains d'un tiers qui la détiendra pour son compte. Les lois du pays règleront tout ce qui concerne la procédure à suivre pour la réalisation du gage et les contestations au sujet de l'exercice du droit.

La solution de la question telle qu'elle est proposée par la Conférence, nous paraît heureuse, et nous ne pouvons que la recommander.

Mais qui donc aura le droit d'intenter l'action en indemnité, l'expéditeur d'Anvers ou le destinataire de Turin ?

La convention devait statuer sur ce point, car combien de fois n'a-t-on pas vu deux instances et plus, introduites simultanément devant des Tribunaux différents, pour le même transport. La Conférence a accordé le droit d'action à celui qui a le droit de disposer de la marchandise. Ce sera donc l'expéditeur, aussi longtemps que la lettre de voiture n'aura pas été délivrée, et le destinataire seul à partir de ce moment. Il peut se faire que la marchandise soit arrivée, mais que la lettre de voiture n'ait pas encore été délivrée. — Dans ce cas, le destinataire ne sera pas tenu d'attendre cette remise et il pourra intenter l'action.

Il ne suffit pas de décider qui pourra intenter l'action, il faut encore établir contre qui elle pourra être intentée et devant quel tribunal.

L'action pourra être dirigée contre le premier transporteur, le dernier transporteur ou contre celui des transporteurs intermédiaires qui a commis la faute au choix de l'ayant droit.

Quant au premier transporteur, du moment où il a accepté la marchandise au transport et apposé son timbre sur la lettre de voiture rédigée par l'expéditeur, il est responsable vis-à-vis de ce dernier de l'exécution du contrat jusqu'à destination. C'est donc

leur choix. Ces Compagnies seront responsables pour toutes les autres et pour la totalité du transport. L'instance principale sera liée entre le demandeur et la Compagnie défenderesse sans qu'elle puisse être retardée ou empêchée par les actions en recours de Compagnie à Compagnie. — Ces actions en recours devront être introduites dans une autre instance dans laquelle l'expéditeur ou le destinataire ne seront point parties. Le jugement rendu au fond déterminera si le Chemin de fer est responsable vis à vis de l'ayant droit et dans quelle mesure il doit être tenu de réparer le dommage, et ce jugement servira de point de départ à l'action en recours du Chemin de fer premier ou dernier transporteur. Toutefois comme il peut être nécessaire que les Compagnies ayant pris part au transport soient appelées à donner des renseignements, l'action principale doit être signifiée à la requête de la Compagnie défenderesse, à toutes les Compagnies qui auront la possibilité d'intervenir et d'éclairer le débat. Cette intervention volontaire n'aura pas pour effet de les libérer de l'action en recours, mais si la dénonciation n'a pas été faite, le jugement ne leur sera pas opposable, et elles pourront de nouveau discuter les faits et les contredire. Tel est en peu de mots le système adopté par la Conférence. Nous ne voulons ni l'attaquer ni le soutenir, car dans notre opinion il eût mieux valu laisser les Compagnies régler ces questions entre elles plutôt que de leur imposer une procédure nécessairement incomplète. Toutefois nous devons dire que ce système sera d'une grande simplicité dans la pratique. — Aujourd'hui avec les mises en causes successives, les frais d'une instance sont ridiculement exagérés, et d'autre part les délais sont interminables. Pour peu que cinq ou six Compagnies aient pris part au transport, les frais dépassent le plus souvent la valeur du litige, et le jugèment définitif peut se faire attendre un an et plus.

Du reste dans la pratique un certain nombre de Compagnies ont accepté *des règles à suivre* pour la solution des contestations qui peuvent s'élever entre elles. Du moment où la convention aura dégagé le demandeur du débat contradictoire avec les Administrations qui ne seront pas directement en cause, ces règles à suivre deviendraient entre les Compagnie une nécessité.

Du reste la Conférence a été au devant des désirs souvent formulés par les Chemins de fer en proposant, pour juger toutes ces questions des recours, la constitution d'une Commission internationale. Nous avons déjà vu l'un des buts de l'institution de cette Commission lorsqu'il s'est agi de l'obligation de transport. L'intervention de ce tribunal ne sera pas forcée, et les recours ne lui seront déférés que dans le cas où les Compagnies auront accepté son arbitrage. Chacun des Etats contractants aura deux représentants dans la Commission et l'Etat dirigeant, c'est-à-dire celui qui aura la présidence, qui préparera les questions à soumettre à la Commission, qui nommera des rapporteurs s'il y a lieu, changera chaque année.

De cette manière, la prépondérance d'un État sur les autres ne pourra se produire, et le Tribunal international présentera toutes les garanties d'impartialité et de justice. Les chemins de fer, en acceptant l'arbitrage de la Commission internationale, seront sûrs que toutes les questions soulevées par l'exploitation des chemins de fer seront examinées par des hommes compétents, qu'elles seront jugées à bref délai, et presque sans frais.

L'idée de l'institution de cette commission n'est du reste pas entièrement neuve. Il existait autrefois une convention de Manheim, aux termes de laquelle toute contestation ayant pour cause la navigation du Rhin était soumise à une Commission internationale et les administrations des télégraphes de l'Europe ont établi un bureau international qui siége à Berne. Nous ne doutons pas que les propositions de la Conférence de Berne ne soient accueillies avec faveur par les chemins de fer.

Nous voici arrivé, Messieurs, au terme de la tâche que nous nous étions donnée, celle de vous faire connaître en peu de mots le but que s'était proposé la Conférence de Berne et le projet issu de ses délibérations.

Il appartient aujourd'hui aux Gouvernements d'étudier ce projet à loisir et de déclarer s'ils entendent l'accepter en principe et prendre part à une nouvelle Conférence, définitive cette fois. Mais il est nécessaire que l'opinion publique, représentée par la Presse, les Chambres de commerce et la critique de chacun, manifeste son jugement sur le projet et propose, s'il y a lieu, des modifications.

Le Congrès international, qui compte dans son sein les hommes les plus compétents pour remplir cette mission, aura certainement sur ces questions une discussion importante et à la hauteur du sujet, et l'influence de ces délibérations se fera certainement sentir auprès des Gouvernements.

PROJET D'UNE CONVENTION INTERNATIONALE

SUR LE

TRANSPORT DES MARCHANDISES PAR CHEMINS DE FER.

Accompagné d'un projet de dispositions pour l'exécution de ladite convention et d'un projet concernant l'institution d'une Commission internationale.

(Résultats des délibérations des Conférences internationales tenues à Berne du 13 mai au 4 juin 1878.)

ART. 1.

La présente convention internationale s'applique à tous les transports de marchandises qui sont exécutés par chemins de fer, du territoire de l'un des États contractants dans le territoire d'un autre sur la base d'une lettre de voiture directe.

Les dispositions à prendre, d'accord entre les États contractants, pour l'exécution de la présente convention, auront la même valeur que la convention elle-même.

ART. 2.

Les dispositions de la présente convention ne sont pas applicables au transport des objets suivants :

1° Or et argent en lingots, platine, valeur monnayée ou en papier, papiers importants, pierres précieuses, perles fines, bijoux et autres objets précieux;

2° Tableaux et autres objets d'art;

3° Les transports funèbres;

4° Les objets qui, par leur dimension, leur poids, ou leur conditionnement, ne se prêteraient pas au transport, en raison du matériel et des aménagements, même d'un seul des chemins de fer qui concourent au transport;

5° Les objets dont le transport est réservé au monopole de l'administration des postes ou qui sont exclus du transport dans l'un des territoires à parcourir.

ART. 3.

Dans les dispositions à émettre pour l'exécution de la présente convention seront désignés les objets qui, en raison de la sûreté et de l'ordre publics, ou dans l'intérêt d'une bonne exploitation, sont également exclus du transport international dans tous les États contractants, ainsi que ceux qui, par les mêmes motifs, ne seront admis que sous certaines conditions.

Art. 4.

Les conditions spéciales insérées dans les tarifs communs des chemins de fer reliés entre eux par des services directs et, à défaut de tarifs communs, celles stipulées dans les tarifs respectifs de chaque administration, de même que les conditions convenues d'avance entre les expéditeurs et les administrations, seront valables en tant qu'elles ne seront pas en contradiction ni avec la présente convention ni avec les dispositions à émettre pour son exécution.

Art. 5.

Les administrations des chemins de fer compris dans le territoire des États signataires de la présente convention sont tenues d'effectuer les transports internationaux mentionnés dans l'article 1, pourvu que l'expéditeur se conforme aux prescriptions de la convention, — que les moyens de transport réguliers suffisent pour effectuer l'expédition, — et sauf les cas de force majeure.

Les administrations des chemins de fer ne seront tenues d'accepter les expéditions que pour autant que le transport puisse être effectué immédiatement. Les dispositions particulières en vigueur pour la gare d'expédition détermineront si cette gare sera tenue de prendre provisoirement en dépôt les marchandises dont le transport ne pourrait pas s'effectuer immédiatement.

Les expéditions s'effectueront au fur et à mesure de leur acceptation au transport par le chemin de fer, sans exception, à moins qu'il n'y ait de motif valable basé sur l'organisation particulière du chemin de fer, la distribution des transports, ou l'intérêt public.

Toute contravention aux dispositions de cet article pourra donner lieu à une action en réparation du préjudice causé.

Art. 6.

Toute expédition internationale (voir art. 1) doit être accompagnée d'une lettre de voiture, qui contiendra les mentions suivantes :

a. Le lieu et la date où la lettre de voiture a été créée ;

b. La désignation de la gare et de l'administration expéditrice ;

c. La désignation de la station de destination, le nom et le domicile du destinataire, ainsi que, le cas échéant, la mention que la marchandise doit être tenue à la disposition de l'expéditeur à la station destinataire (station restante) ;

d. La désignation du contenu de l'envoi, l'indication du poids ou un renseignement remplaçant cette indication conformément aux dispositions spéciales du chemin de fer expéditeur, en outre, pour les marchandises par colis, le nombre, la description de l'emballage, les marques et numéros des colis ;

e. La déclaration éventuelle de la valeur pour la responsabilité limitée du chemin de fer (voir art. 35) ;

f. La déclaration éventuelle de la somme réprésentant l'intérêt à la livraison (voir art. 38) ;

g. La mention de l'expédition en grande ou petite vitesse ;

h. L'énumération détaillée des papiers d'accompagnement requis par les douanes, octrois et autorités de police, ainsi que l'indication éventuelle d'un intermédiaire ;

i. La mention de l'expédition en port payé, s'il y a lieu

k. Le remboursement grevant la marchandise;

l. La mention de la voie à suivre:

A défaut de cette indication, le chemin de fer doit choisir la voie qui lui paraît la plus avantageuse pour l'expéditeur. Le chemin de fer n'est responsable des conséquences résultant de ce choix que s'il y a eu faute grave de sa part;

m. Le nom de l'expéditeur, constaté par sa signature écrite ou imprimée, ou par son timbre, et l'indication de son adresse.

Les prescriptions de détail concernant la rédaction et le contenu des lettres de voitures, et notamment la formule à appliquer, sont renvoyées aux dispositions à émettre pour l'exécution de la présente convention.

Ne seront admises, ni l'insertion de déclarations ultérieures dans la lettre de voiture, ni la rédaction d'autres documents concernant le contrat de transport, ni l'adjonction d'autres pièces à moins qu'elle ne soient déclarées admissibles par la présente convention ou les dispositions à émettre pour son exécution.

Art. 7.

L'expéditeur est responsable de l'exactitude des indications et déclarations contenues dans la lettre de voiture ; il supporte toutes les conséquences résultant de déclarations irrégulières, inexactes ou incomplètes.

Les administrations de chemins de fer ont le droit de vérifier toujours, et notamment dans les cas prévus au troisième alinéa de l'article 10, le contenu des colis. Cette vérification sera faite conformément aux dispositions légales du territoire où la vérification aura lieu, et, s'il est possible, en présence de l'ayant droit.

Les dispositions légales de chaque Etat règleront également ce qui concerne le droit et l'obligation de constater et de contrôler le poids de la marchandise.

Les dispositions à émettre pour l'exécution de la présente convention fixeront la somme qui, en cas de fausse déclaration du contenu ou d'indication d'un poids inférieur au poids véritable ainsi qu'en cas de surcharge d'un wagon chargé par l'expéditeur, devra être payée au profit du chemin de fer qui aura découvert l'irrégularité; sans préjudice, s'il y a lieu, du payement complémentaire de la différence des frais et de toute indemnité pour le dommage qui en résulterait, ainsi que de la peine encourue en vertu des dispositions pénales ou des règlements de police.

Art. 8.

Le contrat de transport est conclu dès que la station expéditrice a accepté au transport la marchandise avec la lettre de voiture. La gare expéditrice constate l'acceptation en apposant sur la lettre de voiture son timbre portant la date de l'acceptation.

L'apposition du timbre doit avoir lieu immédiatement après la livraison complète de la marchandise portée dans une même lettre de voiture. L'expéditeur peut demander que ladite apposition soit faite en sa présence.

Le chemin de fer est tenu, sur la demande de l'expéditeur, de certifier la réception de la marchandise et la date de sa remise au transport, sur un duplicata de la lettre de voiture, lequel lui sera présenté par l'expéditeur en même temps que celle-ci.

Ce duplicata n'a la valeur ni de la lettre de voiture accompagnant l'envoi, ni d'un bulletin de chargement (connaissement).

Art. 9.

Lorsque la nature de la marchandise nécessite un emballage pour la préserver de pertes et avaries en cours de transport, ce soin incombe à l'expéditeur.

Si l'expéditeur n'a pas rempli ce devoir, le chemin de fer, à moins qu'il ne refuse la marchandise, sera en droit de demander que l'expéditeur reconnaisse, sous une mention spéciale dans la lettre de voiture, soit le manque absolu d'emballage, soit son conditionnement défectueux, et qu'il en remette au bureau expéditeur une déclaration conforme.

L'expéditeur est responsable des conséquences des défauts ainsi constatés, de même que des vices de l'emballage non apparents. Tous les dommages résultant de ces vices sont à la charge de l'expéditeur, qui, le cas échéant, en doit indemniser le chemin de fer. Si la déclaration n'a pas été faite, l'expéditeur ne sera responsable des défauts apparents de l'emballage que lorsqu'il est reconnu coupable de dol.

Art. 10.

L'expéditeur est tenu de joindre à la lettre de voiture les papiers nécessaires à l'accomplissement des formalités de douane, d'octroi ou de police avant la remise au destinataire. L'expéditeur est responsable envers le chemin de fer de tous dommages qui pourraient résulter de l'absence, de l'insuffisance ou de l'irrégularité de ces pièces, sauf le cas de faute de la part du chemin de fer.

Le chemin de fer n'est pas tenu d'examiner si les papiers sont exacts et suffisants.

L'expéditeur pourra désigner dans la lettre de voiture un intermédiaire chargé de remplir les formalités de douane, d'octroi ou de police. Si cette désignation n'a pas eu lieu dans la lettre de voiture ou que l'expéditeur ait demandé expressément au chemin de fer de lui servir d'intermédiaire, celui-ci sera libre de confier ce soin à un commissionnaire ou de s'en charger lui-même. Dans ce dernier cas, le chemin de fer aura les obligations d'un commissionnaire.

Le destinataire aura le droit de remplir à l'arrivée les formalités de douane et d'octroi, à moins de stipulations contraires dans la lettre de voiture.

Art. 11.

Les prix de transport seront calculés conformément aux tarifs légalement en vigueur et dûment publiés. Tout traité particulier qui aurait pour effet d'accorder à un ou plusieurs expéditeurs une réduction de prix sur les tarifs est formellement interdit et nul de plein droit.

Si la gare de départ est reliée à la gare de destination par des tarifs directs et à défaut d'ordres contraires donnés par l'expéditeur, le prix de transport sera calculé d'après lesdits tarifs. En cas contraire, le montant total du transport se composera de la somme des taxes à percevoir par les différentes administrations ou unions de chemins de fer en vertu de leurs tarifs respectifs.

Quant aux *droits fixes*, il ne sera perçu au profit des administrations aucune somme en sus des taxes de transport et des bonifications pour des prestations spéciales prévues par les tarifs. Les *dépenses* faites par les administrations, — tels que droits de sortie, d'entrée et de transit, frais de camionnage d'une gare à l'autre non indiqués par le tarif, frais de réparations nécessitées par le conditionnement extérieur ou intérieur dès marchandises pour en assurer la conservation, — devront leur être remboursées.

Les chemins de fer sont tenus d'indiquer dans la lettre de voiture les frais de transport autant que ces frais leur sont connus d'après leurs tarifs internes et directs.

Art. 12.

Si les frais de transport n'ont pas été payés lors de la remise de la marchandise au transport, ils seront considérés comme mis à la charge du destinataire.

Les administrations peuvent exiger l'avance des frais de transport lorsqu'il s'agit de marchandises qui, d'après l'appréciation du chemin de fer expéditeur, sont sujettes à une prompte détérioration, ou qui, à cause de leur valeur minime, ne les garantissent pas suffisamment des frais de transport.

Si, en cas de transport en port payé, le montant des frais ne peut être fixé exactement au moment de l'expédition, l'administration pourra exiger le dépôt d'une somme représentant approximativement ces frais.

En cas d'application irrégulière du tarif ou d'erreurs de calcul dans la fixation des frais et droits de transport, la différence en plus ou en moins devra être remboursée. Toute réclamation pour erreur n'est recevable que si elle est faite dans le délai d'un an à partir du jour du paiement, sous réserve des dispositions contenues dans l'article 46, alinéas 3 et 4. N'est pas applicable toutefois l'article 44, alinéa 1.

Art. 13.

L'expéditeur pourra grever d'un remboursement la marchandise jusqu'à concurrence de sa valeur, à moins toutefois que ce remboursement n'excède le maximum fixé par les disposition à émettre pour l'exécution de la présente convention. Sont exceptées seulement les marchandises dont le prix de transport peut être réclamé d'avance (voir art. 12, alinéa 2).

Pour chaque remboursement il sera perçu une taxe déterminée par le tarif.

L'administration ne sera tenue de payer le remboursement à l'expéditeur que du moment où le montant en aura été soldé par le destinataire. Le chemin de fer n'est pas tenu de payer d'avance des débours faits avant la consignation de la marchandise.

La marchandise ayant été délivrée au destinataire sans encaissement préalable du remboursement, le chemin de fer sera responsable du dommage jusqu'à concurrence de la valeur de la marchandise (voir art. 34), mais pas au delà toutefois du montant du remboursement.

Art. 14.

Si le délai de livraison n'a pas été fixé, pour tout le réseau parcouru, par des règlements et tarif communs aux administrations intéressées au transport, ce délai s'établira par l'addition des délais fixés par les règlements et tarifs des différentes administrations ou unions.

Toutefois il reste réservé aux dispositions à émettre pour l'exécution de la présente convention d'établir des prescriptions générales concernant les délais maxima et le calcul, notamment le point de départ, l'expiration et l'interruption des délais de livraison.

Art. 15.

L'expéditeur a seul le droit de disposer de la marchandise, soit en la retirant à la gare de départ, soit en l'arrêtant en cours de route, soit en la faisant délivrer au lieu de destination ou en cours de route à une personne autre que celle du destinataire indiqué sur la lettre de voiture.

Le chemin de fer n'est tenu d'exécuter les ordres ultérieurs de l'expéditeur que lorsqu'ils sont trasmis par l'intermédiaire de la gare d'expédition.

Le droit de l'expéditeur cesse lorsque la marchandise étant arrivée à destination, la lettre de voiture a été remise au destinataire, ou que celui-ci a intenté l'action mentionnée à l'article 16. A partir de ce moment. le droit de disposer passe au destinataire, aux ordres duquel le chemin de fer doit se conformer sous peine d'être responsable envers lui de la marchandise.

Le chemin de fer ne peut se refuser à l'exécution des ordres ultérieurs qui lui sont donnés par l'ayant droit, ni apporter des retards ou des changements à ces ordres, qu'autant qu'il en résulterait un trouble considérable dans le trafic.

Les ordres doivent être donnés par écrit et signés par l'ayant droit.

Le chemin de fer aura droit au remboursement des frais résultant de l'exécution d'un ordre postérieur, à moins que l'ordre ne soit causé par sa propre faute.

Art. 16.

Le chemin de fer est tenu de délivrer au lieu de destination la lettre de voiture et la marchandise au destinataire désigné, contre quittance et remboursement des créances résultant de la lettre de voiture.

Après l'arrivée de la marchandise au lieu de destination, le destinataire est autorisé à faire valoir en son propre nom, vis-à-vis du chemin de fer, les droits résultant du contrat de transport pour l'exécution des obligations que lui impose ce dernier, qu'il agisse dans son propre intérêt ou dans l'intérêt d'autrui, il pourra, notamment demander au chemin de fer la remise de la lettre de voiture et la délivrance de la marchandise. Ce droit s'éteint, si, avant que l'action soit intentée, l'expéditeur, conformément à l'article 15, a donné au chemin de fer un ordre contraire.

La station destinataire désignée par l'expéditeur est considérée comme lieu de livraison.

Art. 17.

La réception de la marchandise et de la lettre de voiture obligent le destinataire à payer au chemin de fer le montant des créances résultant du contrat de transport.

Art. 18.

Si le transport est empêché ou interrompu temporairement par force majeure ou cas fortuit quelconque, l'expéditeur ne sera pas tenu d'attendre que l'obstacle soit levé.

Dans ce cas, il pourra résilier le contrat, à charge par lui de payer au chemin de fer le montant des frais préparatoires au transport, ceux de déchargement, et ceux de transport, proportionnellement à la distance déjà parcourue, à moins que le chemin de fer ne soit en faute.

Art. 19.

En ce qui concerne la livraison des marchandises, ainsi que l'obligation éventuelle du chemin de fer de remettre la marchandise au domicile d'un destinataire non domicilié à la station de destination, on se conformera aux lois et règlements en vigueur applicables au chemin de fer chargé de la livraison.

Art. 20.

Le chemin de fer transporteur est tenu d'opérer, lors de la livraison, le recouvrement de la totalité des frais du transport, ceux de douane, les débours et autres frais nécessités par l'exécution de transport, ainsi que les remboursements et amendes qui pourraient grever la marchandise. Il opère ces recouvrements tant pour son compte que pour celui des chemins de fer précédents ou des autres intéressés.

Art. 21.

Le chemin de fer a sur la marchandise les droits d'un créancier gagiste pour la totalité des créances indiquées dans l'article 20. Ces droits subsistent aussi longtemps que la marchandise se trouve entre les mains du chemin de fer ou d'un tiers qui la détient pour lui.

Art. 22.

Les contestations pouvant s'élever au sujet du droit de gage seront réglées d'après les lois du pays où s'effectue la livraison.

Art. 23.

Le chemin de fer dernier transporteur est tenu, après le recouvrement des créances mentionnées à l'article 20, de payer aux chemins de fer précédents leur part des créances. Il y est également tenu s'il délivre la marchandise, sans recouvrer ces créances, sauf ses droits contre le destinataire.

Art. 24.

Lorsqu'il se présente des empêchements à la livraison de la marchandise, la station chargée de la livraison doit en prévenir sans retard l'expéditeur par l'entremise de la gare d'expédition. Elle ne doit en aucun cas retourner la marchandise sans le consentement exprès de l'expéditeur.

Du reste et sauf les dispositions de l'article suivant, le mode de procéder dans les cas d'empêchement à la livraison, est déterminé par les lois et règlements en vigueur applicables au chemin de fer chargé de la livraison.

Art. 25.

Dans tous les cas de perte totale ou partielle, d'avarie ou de retard, les administrations de chemins de fer sont tenues de faire immédiatement une enquête, de dresser des procès-verbaux des recherches effectuées et de les communiquer aux intéressés sur leur demande. Soit que le chemin de fer découvre ou suppose une perte partielle ou une avarie, soit que l'ayant droit en allègue l'existence, il sera immédiatement procédé à la vérification de la marchandise, à l'estimation du

dommage et à la recherche de la cause et de l'époque à laquelle remonte la
perte partielle ou l'avarie. La vérification devra être faite en présence de témoins
ou, s'il y a lieu, avec le concours d'experts, l'ayant droit présent si possible.

Les experts jurés ou nommés d'office seront choisis de préférence.

En outre, chacun des intéressés sera en droit de demander la constatation
judiciaire de l'état de la marchandise.

Art. 26.

Les actions qui naissent du contrat de transport international n'appartiennent
qu'à celui qui a le droit de disposer de la marchandise.

Art. 27.

Le chemin de fer qui a accepté au transport la marchandise avec la lettre de
voiture est responsable de l'exécution du transport sur le parcours total jusqu'à la
livraison.

Chaque chemin de fer subséquent, par le fait même de la remise de la marchandise avec la lettre de voiture internationale, participe au contrat conformément à la lettre de voiture et accepte l'obligation d'exécuter le transport en vertu
de cette lettre.

L'action fondée sur le contrat de transport international ne pourra, sauf le
recours des chemins de fer entre eux, être intentée que contre la première administration ou celle qui, la dernière, aura reçu la marchandise avec la lettre de
voiture, ou contre l'administration sur le réseau de laquelle le dommage aura été
occasionné. Le demandeur aura le choix parmi les susdites administrations.

L'action ne sera intentée que par devant un tribunal dans le ressort duquel
l'administration actionnée aura, d'après la législation du pays, un domicile réel
ou un domicile élu.

Une fois l'action intentée, le droit d'option de l'ayant droit est éteint.

Art. 28.

Les réclamations fondées sur le contrat de transport international ne pourront
être formées que contre l'une des administrations désignées dans l'article 27, même
lorsqu'elles se présentent sous la forme de demandes reconventionnelles ou
d'exceptions.

Art. 29.

Le chemin de fer est responsable des agents attachés à son service et des
autres personnes qu'il emploie pour l'exécution du transport dont il s'est chargé.

Art. 30.

Le chemin de fer est responsable, sauf les dispositions contenues dans les
articles ci-après, du dommage résultant de la perte (totale ou partielle) ou de
l'avarie de la marchandise, à partir de l'acceptation au transport jusqu'à la
livraison. Il sera déchargé de cette responsabilité s'il prouve que le dommage a
eu pour cause une faute de l'ayant droit, un ordre de celui-ci ne résultant pas
d'une faute du chemin de fer, un vice propre de la marchandise (détérioration
intérieure, déchet, coulage ordinaire, etc.), ou un cas de force majeure.

Art. 31.

Le chemin de fer n'est pas responsable :

1° De l'avarie survenue aux marchandises qui, en vertu des prescriptions des tarifs ou de conventions passées avec l'expéditeur, sont transportées en wagons découverts,

en tant que l'avarie sera résultée du danger inhérent à ce mode de transport.

2° De l'avarie survenue aux marchandises qui, suivant déclaration de l'expéditeur à la lettre de voiture (voir art. 9) sont remises en vrac ou avec un emballage défectueux, quoique, par leur nature et pour être à l'abri des pertes et avaries, elles exigent un emballage,

en tant que l'avarie sera résultée de l'absence ou de la défectuosité de l'emballage.

3° De l'avarie survenue aux marchandises qui, en vertu des prescriptions des tarifs ou de conventions passées avec l'expéditeur, doivent être chargées ou déchargées par celui-ci ou par le destinataire,

en tant que l'avarie sera résultée du danger inhérent à l'opération du chargement et du déchargement ou d'un chargement défectueux.

4° De l'avarie survenue aux marchandises qui, par des causes inhérentes à leur nature, sont exposées au danger particulier de se perdre en tout ou en partie ou d'être avariées, notamment à la suite de bris, rouille, détérioration spontanée, coulage extraordinaire,

en tant que l'avarie est résultée de ce danger.

5° De l'avarie survenue aux animaux vivants,

en tant que l'avarie est résultée du danger particulier que le transport de ces animaux entraîne pour eux.

6° De l'avarie survenue aux marchandises dont le transport, aux termes des tarifs ou des conventions passées avec l'expéditeur, ne s'effectue que sous escorte,

en tant que l'avarie est résultée du danger que l'escorte a pour but d'écarter.

Si le chemin de fer établit que, eu égard aux circonstances de fait, l'avarie a pu résulter de l'une des causes sus mentionnées, il y aura présomption que l'avarie résulte de l'une de ces causes, à moins que l'ayant droit n'établisse le contraire.

Art. 32.

En ce qui concerne les marchandises qui, en raison de leur nature particulière, subissent, par le fait seul du transport, un déchet de poids, le chemin de fer ne répond de ces manquants qu'autant qu'ils dépassent la tolérance déterminée par les dispositions à émettre pour l'exécution de la présente convention.

Dans le cas où plusieurs colis sont transportés avec une seule lettre de voiture, la tolérance sera calculée séparément pour chaque colis lorsque le poids des colis isolés est indiqué sur la lettre de voiture ou peut être constaté d'une autre manière.

Cette restriction de responsabilité ne peut toutefois pas être invoquée lorsqu'il aura été prouvé que la perte, selon les circonstances du fait, ne résulte pas de la nature de la marchandise, ou que la tolérance fixée ne peut pas s'appliquer à raison de la nature de la marchandise ou des circonstances dans lesquelles s'est produit le manquant.

En cas de perte totale de la marchandise, il ne pourra être fait aucune déduction résultant du déchet de route.

Art. 33.

Si la livraison n'a pas eu lieu dans les trente jours qui suivent l'expiration du délai fixé pour la livraison (voir art. 14), l'ayant droit peut, sans avoir à fournir d'autre preuve, considérer la marchandise comme perdue.

Art. 34.

Si, en vertu des articles précédents, l'indemnité pour perte totale ou partielle de la marchandise est mise à la charge du chemin de fer, l'indemnité sera calculée d'après le prix courant de marchandises de même nature et qualité au lieu et à l'époque où la livraison aurait dû s'effectuer. A défaut de prix courant, l'indemnité sera calculée d'après la valeur ordinaire de la marchandise évaluée sur les mêmes bases. Les droits de douane, de transport et autres frais qui auraient pu être réclamés si la marchandise était arrivée à destination, seront déduits du montant de l'indemnité.

Art. 35.

Les chemins de fer auront la faculté d'offrir au public des tarifs spéciaux, aux termes desquels l'expéditeur aura le droit de déclarer dans la lettre de voiture une valeur qui ne sera pas supérieure au maximum fixé par ces tarifs, mais seulement aux conditions suivantes :

1º Les conditions spéciales (tarifs spéciaux) devront avoir été approuvées par les autorités compétentes de chacun des Etats à parcourir ;
2º Ces conditions spéciales devront correspondre avec une réduction de prix sur le prix du transport total calculé d'après les tarifs respectifs ordinaires de chaque administration ;
3º Elle devront être applicables à la totalité du parcours à effectuer.

Si toutes ces conditions sont réalisées, l'ayant droit ne recevra au maximum, pour indemnité (voir art. 34), que la valeur ainsi déclarée.

Art. 36.

Si la marchandise perdue est retrouvée, l'ayant droit doit en être immédiatement averti.

Dans le délai de trente jours depuis le jour où il en aura été averti, l'ayant droit pourra exiger que la marchandise lui soit délivrée sans frais, à son choix, à la gare de départ ou à la gare de destination désignée dans la lettre de voiture, moyennant restitution de l'indemnité qu'il a reçue.

Art. 37.

Dans le cas d'avarie, l'indemnité à payer doit représenter la valeur vénale de la marchandise avariée, calculée d'après l'article 34.

En cas de déclaration de valeur faite conformément à l'article 35, l'indemnité sera proportionnellement réduite.

Art. 38.

S'il y a une déclaration d'intérêt à la livraison, il pourra être alloué, en cas de perte totale ou partielle, en outre de l'indemnité fixée d'après les articles 34 et 35, et en cas d'avarie, en outre de l'indemnité fixé d'après l'article 37, des dommages-intérêts, qui ne pourront dépasser la somme fixée par la déclaration, à charge par l'ayant droit d'établir le dommage.

Le règlement d'exécution fixera le maximum de la taxe supplémentaire que l'expéditeur aura à payer en cas de déclaration de la somme représentant l'intérêt à la livraison.

Art. 39.

Le chemin de fer est responsable du dommage occasionné par l'inobservation des délais de livraison (voir art. 14), à moins qu'il ne prouve qu'il a donné à la marchandise tous les soins d'un voiturier diligent et que ces soins ont été impuissants à éviter le retard.

Art. 40.

En cas de retard dans la livraison, il pourra être réclamé un quart du prix de transport pour un retard ne dépassant pas un quart du délai de livraison, et la moitié du prix de transport pour tout retard de plus de ce quart, sans qu'il soit nécessaire de prouver qu'un dommage est résulté de ce retard. Si cette preuve est fournie, il pourra être alloué, à titre de dommages-intérêts, une somme qui ne devra toutefois pas dépasser le prix de transport.

S'il y a eu déclaration de l'intérêt à la livraison, il pourra être réclamé la moitié du prix de transport pour un retard ne dépassant pas un quart du délai de livraison et la totalité de ce prix pour tout retard de plus de ce quart, sans qu'il soit nécessaire de prouver qu'un dommage est résulté de ce retard. Si cette preuve est fournie, il pourra être alloué le montant de ce dommage. Dans l'un et l'autre cas, le montant de l'indemnité ne pourra pas dépasser la somme déclarée.

Art. 41.

Le paiement de l'indemnité pleine et entière pourra être demandé dans tous les cas (voir art. 34, 35, 37, 38, 39, 40) où le dommage aurait pour cause un dol ou une faute grave de la part du chemin de fer.

Art. 42.

L'ayant droit pourra demander des intérêts à raison de six pour cent de la somme fixée comme indemnité. Ces intérêts commencent à courir pour perte totale ou partielle et avarie à partir du jour où la livraaison aurait dû avoir lieu, et pour retard à partir du jour où la livraison est faite.

Art. 43.

La responsabilité telle qu'elle résulte du contrat de transport ne s'applique pas aux objets qui, bien que exclus du transport ou admis seulement sous certaines conditions, auraient été néanmoins expédiés sous une fausse déclaration ou pour lesquels l'expéditeur n'aurait pas rempli les mesures de sûreté prescrites.

Art. 44.

Le paiement du prix de transport et des autres frais à la charge de la marchandise et la réception de la marchandise éteignent toute action contre le chemin de
fer provenant du contrat de transport.

L'action n'est pas éteinte :

1º Si l'ayant droit peut fournir la preuve que le dommage a pour cause un dol
ou une faute grave du chemin de fer;

2º En cas de réclamation pour cause de retard lorsqu'elle est faite dans un délai
ne dépassant pas huit jours, non compris celui de la réception, à une des
administrations désignées comme responsables par l'article 27.

3º En cas de réclamation pour défauts constatés conformément à l'article 25 avant
l'acceptation de la marchandise, ou dont la constatation aurait dû être faite
conformément à l'article 25 et n'a été omise que par la faute de l'administration ;

4º En cas de réclamation pour dommage non apparents extérieurement dont
l'existence est constatée après la réception, mais seulement aux conditions
suivantes :

    a. La demande en constatation faite au chemin de fer ou au tribunal com-
    pétent, conformément à l'article 25, doit avoir lieu immédiatement après la
    découverte du dommage et au plus tard dans les 10 jours à partir
    de la réception de la marchandise;

    b. L'ayant droit doit prouver que le dommage s'est produit dans l'intervalle
    écoulé entre la remise au transport et la livraison.

Le destinataire sera libre de refuser la réception de la marchandise, même
après réception de la lettre de voiture et paiement des frais de transport, aussi
longtemps que le dommage dont il soutient l'existence n'aura par été constaté
conformément à sa réquisition. Les réserves faites lors de la réception de la
marchandise ne sont d'aucun effet.

Si l'un ou l'autre de plusieurs objets désignés dans la lettre de voiture
venait à manquer lors de la livraison, le destinataire pourra exclure dans la quittance (voir art. 16) les colis non livrés, en les désignant spécialement.

Art. 45.

Les réclamations éteintes conformément aux dispositions de l'article 44 ne peuvent être reprises ni sous la forme d'une demande reconventionnelle ni sous celle
d'une exception.

Art. 46.

Les actions en indemnité ou exceptions, pour perte totale ou partielle, avarie
de la marchandise ou retard dans sa livraison, sont prescrites par un an, lorsque
l'indemnité n'a pas déjà été fixée par une reconnaissance de l'administration,
par transaction ou par un jugement. La prescription est de cinq ans, s'il s'agit
d'une action en dommages-intérêts prévue à l'article 44, nº 1.

La prescription court à partir du jour de la livraison en cas d'avarie ou de perte
partielle de la marchandise; elle court du jour où expire le délai de livraison, en
cas de perte totale de la marchandise ou de retard dans la livraison.

La prescription de l'action ou de l'exception est interrompue non-seulement par une demande en justice, mais encore par une réclamation écrite, remise par l'ayant droit, à l'une des administrations responsables en vertu de l'article 27.

Si l'administration rejette la réclamation et si elle retourne en même temps au requérant les pièces qui lui avaient été remises à l'appui (lettres de voiture, procès-verbaux, etc.), une nouvelle prescription court du jour de la réception de ces pièces. Cette prescription d'un an ou de cinq ans, suivant le cas, ne peut plus être interrompue que par une demande en justice.

Art. 47.

L'administration qui a payé une indemnité en vertu des dispositions de la présente convention n'aura le droit d'exercer un recours contre les administrations qui ont concouru au transport, conformément aux dispositions suivantes :

1° L'administration par la faute de laquelle le dommage a été causé, en est seule responsable ;
2° Lorsque le dommage a été causé par le fait de plusieurs administrations, chacune d'elles répond du dommage causé par sa propre faute. Si dans l'espèce une telle distinction est impossible selon les circonstances du fait, la part de l'indemnité à payer par chaque administration sera fixée proportionnellement au degré de leur culpabilité respective;
3° S'il ne peut être prouvé que le dommage a été causé par la faute d'une ou de plusieurs administrations, toutes les administrations intéressées au transport, à l'exception de celles qui prouveront que le dommage n'a pas été occasionné sur leurs lignes, répondront du dommage proportionnellement aux prix de transport que chacune d'elles aurait perçu conformément au tarif en cas de l'exécution régulière du transport.

Art. 48.

Les règles énoncées dans l'article 47 seront appliquées en cas de retard. Si le retard a eu pour cause une faute collective de plusieurs administrations, l'indemnité sera mise à la charge des dits chemins de fer proportionnellement à la durée du retard ayant eu lieu sur leurs réseaux respectifs.

Les dispositions concernant l'exécution de la présente convention déterminent la manière dont, à défaut de conventions spéciales, le délai de livraison doit être réparti entre les divers chemins de fer qui participent au transport.

Art. 49.

En cas de recours il n'y aura pas de solidarité entre plusieurs administrations intéressées au transport.

Art. 50.

La demande en recours des administrations entre elles a pour base, *in quali et quanto*, la décision définitive rendue au procès principal contre l'administration exerçant le recours en indemnité, pourvu que l'assignation ait été dûment dénoncée aux administration à actionner par voie de recours et que celles-ci aient été à même d'intervenir dans le procès. Le juge saisi de l'action principale fixera selon les circonstances du fait les délais strictement nécessaire pour l'exercice de ce droit.

Art. 51.

L'administration qui veut exercer son recours doit former sa demande dans une seule et même instance contre toutes les administrations intéressées, avec lesquelles elle n'a pas transigé, sous peine de perdre son recours contre les administrations non actionnées.

Le juge doit statuer par un seul et même jugement. Les administrations actionnées ne pourront exercer un recours ultérieur.

Art. 52.

Il ne sera pas permis d'introduire le recours en garantie dans l'instance relative à la demande principale en indemnité.

Art. 53.

Le tribunal du domicile de l'administration contre laquelle le recours s'exerce est exclusivement compétent pour les actions en recours.

Lorsque l'action est intentée contre plusieurs administrations, le tribunal exclusivement compétent est celui du domicile de l'administration la plus rapprochée de la demanderesse.

Art. 54.

Sont reservées les conventions particulières que les administrations peuvent, soit d'avance, soit dans chaque cas spécial, contracter entre elles concernant les recours.

Art. 55.

Sauf dispositions contraires contenues dans la présente convention, la procédure à suivre sera celle du tribunal compétent.

Lorsqu'il s'agira de constater l'existence, l'étendue ou la répartition d'un dommage, notamment dans les cas prévus par les articles 30, 31, 32, 34, 35, 37, 38, 39, 40, 41 et 47, le juge décidera selon sa libre conviction résultant de l'ensemble des débats, sans qu'il soit soumis à des règles de preuve.

Art. 56.

Les jugements prononcés contradictoirement ou par défaut par le tribunal compétent en vertu des dispositions de la présente convention sont exécutoires sur le territoire de tous les Etats signataires de cette convention, lorsqu'ils sont devenus exécutoires en vertu des lois à appliquer par le juge compétent. Cette disposition ne s'applique pas aux jugements, qui ne sont exécutoires que provisoirement.

PROJET DE DISPOSITIONS A ÉMETTRE POUR L'EXÉCUTION DE LA CONVENTION

RÉGLANT LES

TRANSPORTS INTERNATIONAUX DE MARCHANDISES PAR CHEMINS DE FER.

—————

§ 1.
(Voir art. 3 de la convention.)

Sont exclus du transport :

La poudre à tirer, la poudre-coton, les armes chargées, l'argent fulminant, le fulminate de mercure, l'or fulminant, les pièces d'artifice, le papier incandescent, la nitro-glycérine, les picrates, cokes de natron, la dynamite et tous les articles sujets à l'inflammation spontanée ou à l'explosion pour autant qu'ils ne sont pas énoncés expressément parmi les objets admis au transport sous certaines conditions.

Les objets désignés dans l'annexe I ne sont admis au transport que s'ils sont présentés dans les conditions y énumérées; ils doivent en outre être accompagnés de lettres de voiture spéciales ne comprenant pas d'autres objets.

§ 2.
(Voir art. 6 de la convention.)

Sont obligatoires pour les lettres de voiture internationales les formulaires prescrits par l'annexe II. Ces formulaires doivent être imprimés sur papier blano pour la petite vitesse (voir le formulaire 1), et sur papier rose foncé pour la grande vitesse (voir le formulaire 2); ils sont certifiés conformes aux prescriptions de la présente convention par l'apposition du timbre d'un chemin de fer ou d'un groupe de chemins de fer du pays expéditeur.

La lettre de voiture devra être dressée, tant pour la partie imprimée que pour la partie écrite, dans la langue officielle des pays à parcourir par le transport, pourvu que ces pays aient tous la même langue officielle; en cas contraire, dans la langue officielle du pays de la station expéditrice avec une traduction allemande ou française.

Les parties du formulaire encadrées de lignes grasses doivent être remplies par les administrations, les autres par l'expéditeur.

Ne pourront être réunis dans la même lettre de voiture plusieurs objets, à moins que leur nature ne permette de les charger sans inconvénient avec d'autres marchandises et que rien ne s'y oppose en ce qui concerne les prescriptions fiscales ou de police.

Les marchandises dont le chargement et le déchargement selon les règlements de chemins de fer en vigueur sont effectués par l'expéditeur et le destinataire doivent être accompagnées de lettres de voiture spéciales ne comprenant pas d'autres objets.

Le bureau expéditeur pourra exiger qu'il soit dressé une lettre de voiture spéciale pour chaque wagon complet.

§ 3.
(Voir art. 7 de la convention).

L'expéditeur qui aura remis au transport les marchandises désignées au § 1', alinéa 1, et dans l'annexe 1, numéros 1 à 18*a*, avec une déclaration fausse ou incomplète, ou qui aura négligé de se conformer aux prescriptions de sûreté indiquées dans l'annexe I, numéros 1 à 18*a*, sera passible d'une amende de 15 francs par kilogramme du poids brut.

Dans tous les autres cas, l'amende prévue par l'art. 7 de la convention pour fausse déclaration du *contenu* d'une expédition, sera du double prix de transport depuis le point de départ jusqu'au lieu de destination.

Si le *poids* d'une expédition *par wagon complet* est supérieur de plus de 3 % au poids déclaré, l'amende est fixée à 10 fois la différence du prix de transport; si la *surcharge* dépasse de plus de 5 % le tonnage du wagon, l'amende totale sera de 20 fois la même différence.

§ 4.
(Voir art. 0 de la convention.)

Pour la déclaration prévue dans l'art. 9 on se servira du formulaire ci-annexé (voir l'annexe III).

§ 5.
(Voir art. 13 de la convention.)

Le maximum des remboursements est de 2,000 francs par lettre de voiture.

§ 6.
(Voir art. 14 de la convention.)

Les délais de livraison ne pourront pas dépasser les délais maxima suivants

a. Pour la grande vitesse :

1° Délai d'expédition . . . . 1 jour.
2° Délai de transport, par fraction indivisible de 250 kilomètres . 1 jour.

b. Pour la petite vitesse :

1° Délai d'expédition. . . . . 2 jours.
2° Délai de transport, par fraction indivisible de 250 kilomètres . 2 jours.

Lorsque les marchandises passent d'un réseau à un réseau voisin, les délais de transport sont calculés sur la distance totale entre le point de départ et le lieu de destination, tandis que les délais d'expédition n'entrent en compte qu'une seule fois, quel que soit le nombre des réseaux différents parcourus.

Les lois et règlements des États contractants déterminent dans quelle mesure les administrations de chemins de fer soumises à leur autorité ont la faculté de fixer des délais supplémentaires pour les cas suivants :

1° Les jours de foire.

2° Les époques de trafic ordinaire.

3° Lorsque la marchandise doit traverser un cours d'eau, dont les deux rives ne sont pas reliées par un pont, ou parcourir une ligne de ceinture reliant entre elles les lignes appelées à concourir au transport.

Le délai de la livraison prend cours à partir de l'heure de minuit après l'acceptation de la marchandise et de la lettre de voiture. Le délai est observé, lorsque avant qu'il ne soit expiré, la marchandise est remise ou l'arrivée en est notifiée au destinataire ou à la personne autorisée à la recevoir en conformité des dispositions règlementaires de l'administration chargée de la livraison.

Ces mêmes dispositions règlementaires déterminent les formes dans lesquelles la remise de la lettre d'avis sera constatée.

Les délais de livraison cessent de courir pendant la durée des formalités fiscales ou de police ainsi que pendant toute interruption du trafic empêchant de commencer ou de continuer le transport par voie ferrée et ne résultant pas d'une faute imputable au chemin de fer.

Lorsque le jour qui suit celui de la remise en gare de départ est un dimanche, le délai commence à courir 24 heures plus tard.

De même, lorsque le dernier jour du délai de livraison est un dimanche, le délai n'expire que le jour qui suit immédiatement.

Ces deux exceptions ne sont pas applicables aux marchandises à grande vitesse.

Au cas où l'un des États aurait introduit dans sa législation ou inséré dans les règlements homologués des chemins de fer une clause concernant l'interruption du transport des marchandises pendant le dimanche et certains jours fériés, les délais de transport seraient augmentés à proportion.

§ 7.

(Voir art. 32 de la convention.)

Une tolérance de 2 °/₀ du poids est accordée pour déchet de route sur le poids des marchandises liquides ou remises à l'état humide, et sur le poids des marchandises désignées ci-après :

> bois de teinture râpés et moulus,
> écorces,
> racines,
> bois de réglisse,
> tabac haché,
> graisses,
> savons et huiles fermes,
> fruits frais,
> feuilles de tabac fraîches
> laine,
> peaux,
> fourrures,
> cuirs,
> fruits séchés ou cuits,
> tendons d'animaux,
> cornes et ongles,

contre lui en première ligne que se dirigeront toutes les réclamations.

Quant aux Chemins de fer subséquents, ils deviendront responsables au même titre au fur et à mesure que la marchandise leur aura été transmise et voici la raison de cette distinction. Le premier transporteur reçoit la marchandise, contracte en son nom, et se fait fort pour tous les Chemins de fer subséquents; tandis que ce n'est que la remise de la marchandise qui rend ceux-ci responsables. Une Compagnie à laquelle la marchandise n'aurait pas été transmise n'encourt donc aucune responsabilité; mais si la marchandise est arrivée à destination, tous les Chemins de fer ayant pris part au transport sont solidairement responsables. — Toutefois pour éviter que l'action en responsabilité soit trop divisée, le projet de convention restreint le droit d'action contre la dernière Compagnie qui répond alors pour tous les transporteurs précédents sauf son recours. La faculté d'assigner la Compagnie sur le réseau de laquelle le dommage a été causé, a été introduite pour éviter des frais inutiles dans le cas où il serait certain que le dommage a été occasionné par cette Compagnie, mais il est fort peu probable que les demandeurs usent de ce droit, car ils s'exposent à perdre leur recours ; le droit d'option étant éteint, une fois l'action intentée contre l'un des Chemins de fer à actionner.

En résumé l'ayant droit peut actionner la première Compagnie ou la dernière, ou celle qui a commis la faute, et cet ayant droit peut être ou l'expéditeur, ou le destinataire, car le droit d'intenter l'action est dévolu à celui qui peut disposer de la marchandise.

Quant au tribunal compétent, ce sera celui dans le ressort duquel l'Administration actionnée aura un domicile réel, ou un domicile élu. En France et en Italie seront considérés comme compétents, non-seulement le tribunal du siége social de la Compagnie, mais encore les tribunaux d'où ressortent des gares d'une certaine importance et qui peuvent être considérées comme un principal établissement selon la jurisprudence actuelle.

Une fois l'instance liée, comment la cause se démènera-t-elle et entre quelles parties? Nous serons très-brefs sur ce sujet, les questions soulevées étant plutôt du ressort de la procédure que de la législation commerciale.

Nous avons vu que l'expéditeur ou le destinataire auront entre autres le droit d'actionner la première ou la dernière Compagnie à

os (entiers et moulus),
poissons séchés,
houblon,
mastic frais.

Pour toutes les autres marchandises sèches de l'espèce désignée à l'art. 32 de la convention, cette tolérance est réduite à 1 °/₀

§ 8.
(Voir art. 38 de la convention.)

La valeur réprésentant l'intérêt à la livraison devra être inscrite en toutes lettres, à la place réservée à cet effet sur la lettre de voiture.

Dans ce cas il est permis de percevoir une taxe supplémentaire qui ne pourra dépasser par fraction indivisible de 200 kilomètres cinq pour mille de la somme déclarée.

La taxe minimum est de cinquante centimes.

§ 9.
(Voir art. 48 de la convention.)

A défaut de conventions spéciales, les délais de livraison déterminés par le § 6 du présent règlement, seront partagés entre les différents chemins qui auront pris part au transport de la manière suivante :

1. Entre deux chemins de fer voisins :
    a) Le délai d'expédition, en deux parties égales.
    b) Le délai de transport, en raison des distances d'*application* parcourues sur chacun des deux chemins de fer.

2. Entre 3 chemins de fer ou plus :
    a) Le premier et le dernier reçoivent d'abord chacun 12 heures du délai d'expédition pour la petite vitesse et 6 heures pour la grande vitesse.
    b) Le reste du délai d'expédition et un tiers de délai de transport sont partagés par parts égales entre les chemins de fer parcourus.
    c) Les deux autres tiers du délai de transport sont partagés en raison des distances d'application parcourues sur chacun de ces chemins de fer.

Les délais supplémentaires, auxquels un chemin de fer aurait droit, en vertu des dispositions spéciales de son règlement d'exploitation, seront attribués à ce chemin de fer.

L'intervalle entre le moment où la marchandise est remise au premier chemin de fer, et celui auquel le délai commence à courir, reste exclusivement à la disposition de ce chemin de fer.

Le partage dont il est question ci-dessus n'est pas pris en considération, si le délai de livraison total est observé.

§ 10.

Dans ceux des États contractants, qui n'ont pas le franc pour unité monétaire, les sommes exprimées en francs, dans les dispositions du présent règlement, seront remplacées par les monnaies en usage dans ces États.

LETTRE DE VOITURE INTERNATIONALE

Timbre de contrôle

Nº
Propriétaire
Nº
Propriétaire

Nº
Poids

DES WAGONS

de la FEUILLE DE ROUTE

(Formulaire 1) PETITE VITESSE (papier blanc)

(Formulaire 2) GRANDE VITESSE (» rose-foncé)

Timbre de la station d'arrivée

Monsieur

à

Station

du chemin de fer

Voie de transport,
le cas échéant

Vous recevrez les marchandises détaillées ci-après aux conditions du traité international et des dispositions émises pour son exécution ainsi qu'à celles des règlements et tarifs des chemins de fer respectifs ou des unions de chemins de fer, qui sont applicables au présent envoi.

MARQUE et NUMÉRO	NOMBRE	NATURE de L'EMBALLAGE	DÉNOMINATION DE LA MARCHANDISE	POIDS BRUT RÉEL en KILOGRAMMES	Poids arrondi pour le calcul des frais de transport en kilogrammes	Déclaration pour l'accomplissement des formalités en douane, octroi ou police ; intermédiaire ; indications de documents et d'autres annexes, compris les plombages. Autres déclarations prévues par les lois ou règlements respectifs.

Valeur déclarée pour la responsabilité limitée du chemin de fer. . . . .

Somme déclarée représentant l'intérêt à la livraison . . .

en toutes lettres

Timbre de la Station de départ	Timbre de pesage

, le   18

Signature et adresse de l'expéditeur,

Déclaration de port payé par l'expéditeur.

TOTAL DES { Débours
Remboursements. } en toutes lettres

Détail des débours et des remboursements.

MONTANT

FRAIS PERÇUS	NOTE	Unité de taxe pour 100 kilog.	À percevoir			
	Débours.					
	Remboursements.					
	Provision.					
	Frais de transport jusqu'à .					
	Taxe supplémentaire pour la déclaration représentant l'intérêt à la livraison.					
	Frais de transport jusqu'à .					
	Taxe supplémentaire pour la déclaration représentant l'intérêt à la livraison . .					
	Frais de transport jusqu'à .					
	Taxe supplémentaire pour la déclaration représentant l'intérêt à la livraison . .					

N. B. Les timbres des stations de transit sont à apposer dans leur ordre au revers de la note.

Hauteur de 29 cm.

Largeur du papier, 37 cm.

DÉCLARATION

Le bureau de marchandises du chemin de fer_____________________

à ___________________________________ a, sur ma (notre) demande, accepté

au transport par chemin de fer en destination de ________________________

les marchandises ci-après désignées et portant les marques suivantes, ainsi

qu'il résulte de la lettre de voiture en date de ce jour _________________

savoir :

Je (Nous) déclar   formellement par la présente que ces marchandises
ont été remises au transport

    sans emballage
    avec un emballage défectueux notamment (*) :

et qu'il en est fait mention dans la lettre de voiture du

        le ______________ 18____

(*) Sera à rayer, selon le conditionnement de la marchandise ou, « sans emballage »
ou « avec un emballage défectueux, notamment ».

Lorsqu'il s'agit d'une expédition se composant de plusieurs colis, la déclaration ne doit
porter que sur ceux de ces colis qui seront remis au transport sans emballage ou avec
un emballage défectueux.

PROJET D'UNE CONVENTION

CONCERNANT

L'INSTITUTION D'UNE COMMISSION INTERNATIONALE.

---

§ 1.

Pour assurer la réalisation du but que les États contractants se sont proposé en concluant la convention relative aux *transports internationaux de marchandises par chemins de fer*, une commission internationale est instituée.

§ 2.

Les attributions de cette Commission consisteront en *général* à veiller à ce que les dispositions de la dite convention continuent de répondre aux exigences auxquelles elles sont destinées à pourvoir et à soumettre, le cas échéant, aux gouvernements contractants les propositions nécessaires.

Lorsque l'exploitation d'un chemin de fer ne présentera pas les garanties qui sont indispensables pour que les relations en *service international* puissent être imposées aux autres chemins de fer, il appartiendra à la Commission de déclarer ou que l'obligation d'accepter les transports internationaux auxquels ce chemin de fer devrait concourir n'existe pas ou que cette obligation n'existe que sous certaines conditions. La Commission déterminera ces conditions.

Enfin la Commission sera appelée à coopérer au règlement des contestations concernant les recours entre Administrations sur pied de la dite convention.

§ 3.

Chacun des États contractants nommera deux membres de la Commission.

La Commission se réunira en session ordinaire chaque année dans le courant du mois de mai. Elle s'assemblera en session extraordinaire chaque fois que la demande en sera faite par l'un des Etats contractants.

§ 4.

La direction des affaires rentrant dans les attributions de la Commission appartiendra à l'un des États contractants pour la durée de l'année qui commencera à la clôture d'une session ordinaire pour finir à la clôture de la session ordinaire suivante.

L'ordre dans lequel les États contractants seront successivement chargés de cette direction sera réglé par un tirage au sort qui aura lieu à la première réunion de la Commission.

A mesure que d'autres Etats adhéreront à la dite convention, la place qu'ils occuperont dans l'ordre ainsi réglé sera fixée par la voie du sort.

Le gouvernement fédéral de la Suisse exercera la direction jusqu'à la clôture de la première session ordinaire.

§ 5.

La Commission fera son règlement d'ordre intérieur. L'État dirigeant préparera les objets à soumettre à la Commission; il fixera l'ordre du jour, transmettra à chaque État contractant les propositions à discuter deux mois au moins avant l'ouverture de la session et nommera, s'il y a lieu, des rapporteurs parmi les membres de la Commission.

Les propositions présentées par les autres États contractants seront transmises à l'État dirigeant trois mois au moins avant l'ouverture de la session dans laquelle elles seront discutées.

Si une proposition est présentée comme urgente en dehors des délais prémentionnés, la question d'urgence sera soumise au vote de la commission.

— 56 —

§ 6.

La commission aura un bureau central, dont le siége sera permanent dans la ville qu'elle désignera.

§ 7.

Les sessions de la commission auront lieu dans une ville de l'État dirigeant à moins que d'accord avec celui-ci la commission ne choisisse une autre ville.

L'État dirigeant a la présidence des séances de la commission.

§ 8.

La commission décidera de la publicité à donner à ses actes et à tous documents qu'elle jugerait utile de porter à la connaissance des intéressés; elle règlera le mode de publication soit en usant de la vóie d'un journal ou de toute autre manière.

§ 9.

Les résolutions de la commission seront prises à la simple majorité des voix. Chacun des États contractants aura une voix. La présence d'un de ses délégués suffira pour la votation.

§ 10.

Lorsqu'il s'agira de prendre, à l'égard d'un chemin de fer, l'une des mesures prévues à l'alinéa 2 du § 2, l'État dirigeant, au nom de la commission, lui communiquera les griefs produits à sa charge et lui fixera un délai d'un mois au moins pour présenter sa justification par écrit, laquelle sera transmise à chacun des États contractants.

La décision de la commission aura son effet du jour de sa publication.

La décision de la commission sera notifiée avant la publication à l'État au territoire duquel appartiendra le chemin de fer en cause. Cet État aura le droit de former opposition dans le délai d'un mois à dater de la notification, en faisant en même temps connaître les moyens qu'il propose pour sauvegarder les intérêts des autres chemins de fer. Dans ce cas la décision ne sera pas publiée.

Dans le cas de faillite déclarée d'un chemin de fer, l'État dirigeant pourra prendre à titre provisoire les mesures indiquées à l'alinéa du 2 § 2 sans attendre la réunion de la Commission.

§ 11.

La commission statuera en premier et dernier ressort sur les contestations relatives aux recours entre administrations lorsque toutes les parties intéressées seront convenues, soit par une stipulation générale et en vue de tous les litiges de ce genre soit par un compromis spécial, de s'en rapporter à son arbitrage.

Elle nommera à cet effet dans son sein et par élection conformément au § 9, une commission spéciale, composée de sept membres effectifs et de trois membres suppléants qui prononceront suivant leur appréciation personnelle.

La commission règlera en tant que de besoin la procédure à suivre.

Les litiges seront instruits et jugés sans autres frais que ceux d'enquêtes, d'expertises et des notifications authentiques.

Les sentences prononcées par la commissions spéciale ne seront soumises à aucune formalité au taxations fiscales. Les débours ci-dessus mentionnés seront à la charge de la partie qui y sera condamné par la sentence.

Les décisions de la commission spéciale seront définitives et exécutoires sur le territoire de tous les États contractants sans aucun recours ni révision judiciaire.

§ 12.

Le montant des frais communs sera fixé par la commission et les États contractants y contribueront par parts égales.

IMPRIMERIE CENTRALE DES CHEMINS DE FER. — A. CHAIX ET Cᵉ, RUE BERGÈRE, 20, A PARIS. — 12041-8